아홉 살, 단호하게 말해요

무례한 친구들에게서 나를 지키는 초등 학폭 구별 사전

아홉 살, 단호하게 말해요

이해은 지음

Little A

선을 넘는 친구들로부터
나 자신을 지켜요

어른들은 친구들과 사이좋게 지내라고 해요. 하지만 그건 말처럼 쉽지 않죠. 친구들과 지내다 보면 서운한 일이 생기고 다투기도 해요. 만약 작은 말다툼이 큰 싸움으로 번지면 어떻게 해야 할까요? 게다가 '학교폭력'이라는 말까지 나온다면? 갑자기 무서워지지요.

학교폭력은 친구 사이에 일어나는 폭력이에요. 물론 모든 다툼이 학교폭력은 아니랍니다. 서로 장난을 치다가 기분이 상했다고, 몸으로 놀다가 부딪쳤다고 무조건 "너, 학교폭력이야!"라고 할 수는 없어요. 그래서 어디부터 학교폭력인지 그 경계선을 확실히 알아 두는 게 무척 중요하답니다. 그래야 학교폭력을 당하기 전에 대처할 수 있고, 나 또한 가해자가 되지 않을 수 있거든요.

학교폭력을 겪으면 어쩔 줄 몰라 당황하는 친구가 많아요. 무조건 화부터 내다가 친구들과 멀어지기도 하고, 억지로 참다가 몸과 마음이 힘들어지기도 해요. 특히 따돌림이나 못된 욕설, 온라인 '채팅 감옥' 같은 건 왠지 부모님이나 선생님께 말하기 어렵지요. 친구들과 잘 지내지 못하는 게 부끄럽기도 하고, 때리거나 밀치는 행동처럼 심각해 보이지 않으니까요. 하지만 절대로 가벼운 일도, 부끄러운 일도 아니에요. 마음을 다치는 것도 몸을 다치는 것처럼 아픈 폭력임을 잊지 마세요.

이 책은 선을 넘는 친구들로부터 나를 지키는 법을 알려 줄 거예요. 여러 가지 이야기를 읽으며 어떤 것이 학교폭력인지, 또 학교폭력을 당했을 때 어떻게 해야 할지 차근차근 생각해 보세요. 여러분이 부디 현명하게 자기를 지키고 씩씩하게 헤쳐 나가기를 바랄게요.

변호사 이해은

5

차례

"갑자기 친구들이 말을 걸지 않아요."

친구들과 지내다 보면 종종 다투기도 하죠.

며칠 동안 서로 말하지 않는 때도 있어요.

그런데 똑같이 말을 걸지 않는 행동이라도

어떤 선을 넘어가면 '학교폭력'으로 불려요.

여기서는 따돌림, 험담, 그룹과 서열에 대해

이야기해 볼게요.

1장.

나만 겉도는 미묘한 분위기
관계적 폭력

따돌림
교실의 이방인

오랜만에 만난 이모가 반짝이는 포장지에 싸인 선물을 건넵니다.

"짠! 새 원피스야. 이 옷 입으면 학교에서 스타가 될걸?"

"우와, 이모! 정말 고마워요!"

유진이는 달려가서 이모를 꼭 끌어안습니다. 원피스는 유진이가 좋아하는 하늘색이에요. 조금만 움직여도 차르륵 예쁘게 펼쳐집니다.

"저번에 사 준 머리띠도 같이 해 봐. 그것도 같은 가게에서 샀거든. 세트처럼 잘 어울릴 거야."

"아……. 아니에요. 그 머리띠는 안 할래요."

이모가 사 주신 머리띠를 안 하는 데는 이유가 있습니다. 저번에 그 머리띠를 하고 갔을 때, 하리가 유진이를 보고 큰 소리로 이렇게 따졌거든요.

"뭐야, 나랑 똑같은 머리띠잖아? 내 거 보고 따라 산 거지?"

유진이는 그냥 우연일 뿐이라고 해명했지만 아무도 믿어 주지 않았습니다. 하리는 반에서 가장 인기가 많은 여자아이니까요. 학교에서 가장 예쁜 옷을 입고, 반짝이는 머리띠를 하고 옵니다. 여자아이들은 모두가 하리 편입니다.

'이번에는 다를 거야. 이 옷은 나만 가지고 있을 테니까! 내일은 최고의 하루가 될 거야!'

☀ · ☀ · ☀

다음 날 아침, 친구들이 유진이의 원피스를 칭찬하며 한 번씩 만져 봅니다.

"유진아, 새 옷 정말 예쁘다! 어디서 샀어?"

"이모가 사 주셨어."

유진이는 어깨가 으쓱합니다. 그때 드르륵, 교실 문이 열리고 하리가 들어옵니다.

"어? 오늘 유진이랑 하리랑 똑같은 옷 입었네?"

유진이는 눈을 동그랗게 뜨고 하리 옷을 보았습니다. 정말 똑같은 원피스였어요.

"뭐야, 이유진, 너 또 하리 따라 한 거야?"

"아니, 아니야! 이 옷, 이모가 사 주신 거야!"

유진이가 외치지만 아이들은 유진이의 말을 듣지 않습니다. 사실 유진이 이모와 하리 엄마는 같은 아동복 상점에서 옷을 샀을 뿐, 서로를 따라 하려고 한 건 아닌데도요.

"이유진, 나 좀 그만 따라 하라니까!"

하리는 유진이를 보며 얼굴을 찌푸립니다.

최고의 하루가 될 거라는 예상과 달리, 오늘은 최악의 하루가 되어 버렸습니다. 친구들은 유진이가 지나갈 때면 물건을 재빨리 숨깁니다.

"따라쟁이 왔다, 또 따라 할 건가 봐. 빨리 숨겨!"

"따라쟁이야, 이번엔 또 누구 따라 할 건데? 미리 알려 줘, 같은 옷 안 입게."

여기저기서 킥킥대는 소리가 들립니다. 유진이는 자리에 앉아 최대한 몸을 웅크립니다.

'제발, 아무도 내 옷을 안 봤으면 좋겠어.'

딩, 동, 댕, 동. 수업을 마치는 종이 울립니다. 드디어 길었던 하루가 끝났습니다. 유진이는 누구보다 빨리 뒷문을 열어젖히고 계단을 내려가서 집으로 뛰어갑니다.

'얼른 집에 가고 싶어.'

어쩐지 유진이의 눈에 눈물이 어립니다.

이런 마음으로 그랬어요! 🌷 🌷 🌷

 유진이는 제 스타일을 자꾸 따라 해요. 저도 짜증이 나서 유진이가 따라쟁이라는 사실을 친구들에게 알렸을 뿐이에요.

변호사 쌤이 알려 주는 경계선 지키기

우리는 왜 학교에 다니는 걸까요? 공부도 중요하고 맛있는 급식도 중요하지만, 가장 중요한 건 친구들과 사귀고 어울리는 거예요. 우리는 서로 돕고 함께 성장하기 위해 학교에 다니는 거랍니다.

어떤 친구가 나랑 관심사도 다르고 성격도 달라서 함께 놀지 않을 수는 있어요. 하지만 그렇다고 해서 다른 아이들 앞에서 그 친구를 모욕해서는 안 됩니다. 그런 식의 분위기를 만드는 것 또한 폭력이에요.

법적으로 따돌림이란 **2명 이상**의 학생들이 **신체적, 심리적 공격을 계속 혹은 반복해서 하는 행위**를 말합니다. 집단으로 무리를 지어 나를 무시하거나 놀린다면 그건 따돌림이고 학교폭력임을 기억하세요.

따돌림으로 걱정이라면

따돌림의 이유는 다양해요. 선생님께 예쁨받는 것 같아서, 게임을 못 하는 게 답답해서, 나보다 달리기를 잘해서 등등, 사소한 이유도 많답니다.

누군가가 나에 대한 나쁜 소문을 퍼뜨리고 은연중에 따돌리면 왠지 움츠러들게 되지요. 하지만 여러분의 잘못이 아니에요. 무리를 지어 한 사람을 밀어내려는 친구들의 잘못이랍니다. 그러니 용기 내어 적극적으로 맞서는 게 좋아요.

우선 이 말로 시작해 보세요. "너희가 나를 무시하고 따돌리는 것 같아서 속상해. 따돌림도 학교폭력이야." 친구에게 지금 하는 행동이 학교폭력임을 짚어 주면 깜짝 놀라며 사과할 거예요.

그렇게 말했는데도 "네 성격이 이상한 거야!"라는 식으로 억지를 쓴다면 "어떤 부분이 이상한지 말해 봐."라고 물어보세요. 오해가 있다면 대화로 풀고, 여러분이 잘못한 부분이 있다면 사과하면 됩니다.

또 하나, 중요한 포인트가 있어요. 따돌림을 경험하면 친구 관계에 소극적으로 변하기 쉬워요. 불안한 마음에 친구들에게 무조건 맞춰 주다가 또다시 따돌림을 경험하기도 하지요. 이럴 때는 최대한 덤덤하게 행동하세요. 유진이가 겪은 것처럼, 다른 친구와 같은 옷을 입었다고 놀리면 "그래. 똑같은 옷을 입었어. 그런데 그게 뭐 어때서? 일부러 그런 것도 아닌데." 라고 반응하는 거예요. 다른 친구와 같은 옷을 입어도 괜찮아요. 그 친구만 입으라는 법은 없으니까요.

나를 지키는 한마디

"이런 행동은 나를 무시하는 것 같으니 하지 말았으면 좋겠어. 불만이 있으면 나에게 말로 해."

15

저는 잘하는 게 없어서 같이 놀기 싫대요.

친구들이 저를 잘 끼워 주지 않아요.
저는 다 같이 놀고 싶은데…….

저런, 같이 놀자고는 해 봤나요?

네. 그런데 전 운동도, 게임도,
공부도 못해서 같이 놀기 싫대요. ㅠㅠ
이거 학교폭력 아닌가요?

정말로 서툴러서 그런 걸까요?
아니면 따돌리려고 그런 걸까요?
학교폭력은 의도가 중요하거든요.

음……. 게임에 서툰 건 맞지만
운동이랑 공부는 아주 못하진 않거든요.
저를 따돌리려는 변명 같기도 하고,
아닌 것 같기도 하고…….

16

우선, 여러 명이 일부러 한 사람을
따돌리는 건 학교폭력이 맞아요.
하지만 아직 친구들의 의도가
확실하지 않은 상태 같네요.

맞아요, 아직은 알쏭달쏭해요.
조금 더 살펴봐야겠어요.

좋아요. 학교폭력이 맞는다면
그때 대처해도 늦지 않아요.
정말 게임을 못해서 그런 거라면
"내가 팀에 보탬이 될 정도로 열심히 할게."
라고 말하고 풀어 보세요.

한 번 더 생각해요

친구가 "같이 놀기 싫어."라고 한 이유를 파악하는 것이 중요합니다.
그럴 만한 이유가 있어서인지, 아니면 그냥 나를 따돌리려고 지어낸 말인지
먼저 확인하세요.

나만 초대받지 못한 생일 파티

어제가 베프 생일이었어요.
그런데 저한테 생일 파티에 오지 말라는 거 있죠!
딱 3명만 초대하기로 했다면서 미안하대요.

서운하지만 친구의 결정이니 어쩔 수 없겠네요.

그런데 선물을 주려고 베프 집에 갔더니
저 빼고 10명이나 모여 있더라고요!

3명이 아니고요?
대체 무슨 이유로 모인 거라고 하던가요?

생일파티가 아니라 장기 자랑 분야를
정하려고 모인 거래요.
"우리 노래하기로 했어. 알아 둬."
그러더라고요.

한 사람만 빼고 모인 건 이상하군요.
따돌리려는 의도가 느껴지진 않았나요?

오늘 확실히 느껴졌어요!
선생님이 "장기 자랑에서 노래할 사람?"
하셔서 제가 손 들었더니 베프가 킥킥 웃으면서
"선생님, 저희는 댄스요~!" 라는 거예요.
어제 봤던 10명의 친구들도 모조리 댄스할 거래요.
자꾸 저만 밀려나는 거 같아서 너무 속상해요!

생일 파티도 그렇고, 장기 자랑도 그렇고,
계획적인 모습이 엿보이는군요.
친구가 나를 따돌리려는 의도로
다른 친구들과 이야기해 계획적으로 행동한 거라면
학교폭력으로 볼 수 있습니다.

(참고: 울산지방법원 2023. 6. 22. 선고 2022구합7663 판결)

한 번 더 생각해요

따돌림을 주도하는 친구에게는 주눅 들지 말고 이렇게 말하세요.
"내가 없는 곳에서 다른 친구들이랑 이야기해 나를 따돌리지 마."
동조하는 친구들에게는 이렇게 말해 보세요.
"한쪽 말만 듣지 말고 내 얘기도 들어 줘."

내가 투명 인간이라니!

저는 딱 한 친구에게 투명 인간이에요.
걔는 제 말이 안 들리나 봐요. 저만 속 터져요.

예를 들면 어떤 일이 있었는데요?

학원 복도에서 마주쳐서 반가운 마음에
"너도 여기 다녀?" 하고 물었는데
못 들은 척하고 지나갔어요.

정말 못 들은 건 아닐까요?
주변이 시끄러웠을 수도 있으니까요.

절대 아니에요! 엄청 조용했고 둘뿐이었거든요.
게다가 오늘은 걔가 제 친구랑 얘기하길래
제가 두 사람에게 각각 말을 걸었어요.
그런데 "가자!" 라면서 제 친구만 끌고 가잖아요.
"나도 같이 가!" 라고 외치며 따라 갔는데
본 척도, 들은 척도 안 하더라고요.

그 친구 말고 다른 친구도
못 본 척하고 못 들은 척하면서
무시했나요?

아뇨, 저를 투명 인간 취급하는 건
오로지 걔뿐이에요. 다른 애들은 안 그래요.
이런 것도 따돌림이고 학교폭력 맞죠?

따돌림은 **두 사람 이상일 때만 성립해요.**
여러 명이 그랬다면 따돌림으로 볼 수 있지만,
한 친구만 그런 거라면 따돌림으로 보기 어렵답니다.
하지만 그렇다고 그 친구의 행동이
올바른 건 아니에요.
투명 인간처럼 대하면 기분이 상한다고
직접 얘기해 보세요.

한 번 더 생각해요

따돌림은 두 사람 이상이 지속적으로 무시하거나 괴롭히는 행위를 말해요.
딱 한 사람이 그러는 거라면 학교폭력으로 인정되지 않습니다. 물론 그렇다
고 해서 잘못이 아닌 건 아니에요. "못 들은 척하면 기분 나빠. 내 말을 제대
로 들어줬으면 좋겠어."라고 솔직하게 말하고 구체적으로 부탁하세요.

험담

세상에서 가장 큰 소곤거림

가연이는 아이돌 제이 언니를 좋아해요. 그래서 학교 행사 장기 자랑으로 제이 언니의 댄스 무대를 선보였답니다. 땀 흘리며 연습한 춤을 한껏 뽐내고 마지막 포즈로 제이 언니의 트레이드마크인 윙크를 날리자 객석에서 우렁찬 환호성이 터져 나옵니다. 가연이는 심장이 터질 것같이 기뻤어요. 그런데 큰 함성과 박수갈채 사이로 빈정거리는 말투가 섞여 듭니다. 수아의 목소리였어요.

"진짜 웃겨. 자기가 무슨 아이돌인 줄 아나 봐."

☀ · ☀ · ☀

다음 날 가벼운 발걸음으로 학교에 간 가연이는 평소 친하게 지내던 친구들에게 말을 겁니다.

"얘들아, 안녕? 어제 내 무대 어땠어?"

가연이의 물음에 친구들은 자기들끼리 눈빛을 주고받더니 우물쭈물 말합니다.

"춤은 좋았는데……."

"뭐, 괜찮았어."

"옷 예쁘더라."

"근데 너, 제이 언니처럼 윙크하는 건 오버 아니야?

수아가 갑자기 가시 돋친 말을 꺼냅니다. 가연이는 머쓱해져서 겸연쩍게 대답합니다.

"아……. 그랬어? 내가 좀 오버했나 봐."

열심히 한다고 했는데, 그게 다른 아이들이 보기에는 오버로 보였나 봐요.

그날부터였습니다. 친구들의 태도가 달라진 건요. 함께 웃고 떠들던

친구들이 가연이에게 좀처럼 다가오지 않습니다. 보통 때라면 가연이 옆에 있을 친구들인데, 이제는 수아 곁에만 모여 있습니다.

'뭔가 이상해. 다들 왜 나에게는 안 오고 수아랑만 놀지?'

왠지 친구들과 멀어진 느낌에 심장이 쿵쾅쿵쾅 뜁니다.

학교가 끝나고 가연이는 무리 중 가장 친한 친구인 민지를 부릅니다.

"민지야, 혹시 요즘 나 빼고 너희 사이에 무슨 일 있어?"

"그게……. 수아가 너한테 말하지 말라고 했는데……. 아무래도 네가 알아야 할 거 같아."

민지는 머뭇거리며 친구들끼리 수업 시간에 주고받은 쪽지를 건넵니다. 거기에는 가연이에 관한 이야기가 잔뜩 있습니다.

- 요즘 가연이 왜 저렇게 나대?
- 걔 장기자랑 이후로 예쁜 척 심해졌잖아.
- 원래부터 공주병이었지. ㅋㅋㅋ.

친구들이 가연이 모르게 뒤에서, 안 좋은 이야기를 하고 있었던 겁니다. 쪽지를 보는 가연이의 눈시울이 뜨겁게 달아올랐어요.

'나는 그냥 제이 언니가 좋아서 제이 언니처럼 춤을 췄을 뿐인데 왜

공주병ㅋㅋ

다들 안 좋게 말하는 거야? 그리고 나 없는 곳에서 내 욕을 이렇게 해도 되는 거야? 나는 다 같이 친한 친구라 생각했는데. 사실은 나만 친구가 아니었나 봐.'

가연이는 목구멍까지 차오르는 울음을 애써 참습니다.

이런 마음으로 그랬어요! 🌷 🌷 🌷

자기가 아이돌인 줄 알고 예쁜 척하면서 윙크하는 모습이 딱 공주병 맞잖아요. 제가 가연이 앞에서 '예쁜 척하지 마!'라고 한 것도 아닌데 이게 왜 가연이를 괴롭히는 건가요?

25

같은 반 친구들이지만, 나랑 왠지 더 친한 친구가 있고 덜 친한 친구가 있죠? 다 같이 어울려 다녀도, 어떤 친구를 보면 '어휴, 나는 쟤랑은 정말 안 맞아.'라는 생각이 들 때도 있어요.

나랑 더 잘 맞는 친구와 안 맞는 친구가 생기는 건 자연스러운 일이에요. 어른들도 겪는 일이랍니다. 하지만 나와 성격이나 가치관, 취미가 맞지 않는다고 섣불리 비난해서는 안 돼요.

친구가 없는 곳에서 '그 친구 좀 이상해!'라며 **다른 아이들이 그 친구를 안 좋게 보도록 부추기거나, 그 친구에 대해 나쁘게 말하도록 유도하는 것도 학교폭력**에 해당한답니다.

'폭력'이라고 하면 신체적 폭력이나 언어폭력을 자주 떠올리지만, **친구를 소외시키는 심리적 공격 또한 법적으로 엄연한 학교폭력**이란 걸 잊어서는 안 돼요.

뒷얘기를 듣는 것 같아 걱정이라면

친했던 친구들이 어느 순간 나랑 놀지 않으면, 친구들과 사이가 멀어진 것 같고 나만 소외된 것 같아 의기소침해지죠. 내가 없는 공간에서 나에 대해 나쁜 이야기를 하고 다닐까 봐 불안하기도 하고요.

친구들이 갑자기 나와 거리를 둔다면 "지금 나를 무시하는 거 같은데, 혹시 내가 너희에게 잘못한 게 있어?"라고 솔직하게 물어보는 게 좋아요. 친구들이 여러분을 오해했을 수도 있으니까요. 그럴 때는 서로 터놓고 이야기하는 것도 방법입니다.

하지만 특별한 이유 없이 나를 험담한다면 꼭 짚고 넘어가세요. "뒤에서 나를 나쁘게 얘기하지 마. 그러면 내가 이상한 사람이 된 것 같아서 힘들잖아."라고요.

나를 나쁘게 말하는 아이들과 친하게 지내려 노력하지 마세요. 모든 친구와 친하게 지낼 필요는 없습니다. 나는 나와 잘 맞는 친구들과 사이 좋게 지내면 돼요.

어떤 친구가 나를 좋아하지 않고 거리를 둔다고 해서 속상해할 필요는 없습니다. '쟤는 왜 날 싫어하지? 내가 뭘 잘못했나?'라고 생각하기보다는, '저 친구는 나랑 잘 안 맞나 봐!'라고 생각하세요.

나를 지키는 한마디

"내가 없는 곳에서 나에 대해 나쁘게 말하지 마. 그러면 내 입장을 밝힐 수가 없잖아."

귓속말로 속닥속닥, 싫어요!

저는 세상에서 귓속말이 제일 싫어요.
특히 저를 따돌리는 귓속말이요!

귓속말로 어떻게 따돌리나요?

저랑 선예랑 다을이는 삼총사예요.
근데 언젠가부터 다을이가 자꾸만 저를 두고
선예한테만 귓속말을 하고 킥킥 웃어요.
꼭 따돌리는 것처럼요.

둘만의 비밀이라도 있는 걸까요?

저도 그렇게 물어봤어요. 무슨 비밀 이야기냐고요.
그랬더니 다을이가 별거 아니래요.
선예도 별일 아니니까 화내지 말라는데
어떻게 화가 안 나요? 지금 당장 신고할래요!

귓속말 자체는 학교폭력 범주에 들어가지 않아요.
나에 대해 어떠한 말이나 행동을 한 게 아니니까요.

그럼 그냥 참으라는 거예요?
제 욕을 하는 것일 수도 있잖아요!

법적으로 학교폭력이 아니라 해서
그 행동이 옳다는 건 아니에요.
사람을 앞에 두고 귓속말하는 건 예의 없는 행동이죠.
다음에 둘이 또 귓속말을 한다면 이렇게 말하세요.
"셋이 있는데 나만 빼고 비밀 이야기를 하는 건
예의 없는 행동이야. 앞으로는 그러지 마."

한 번 더 생각해요

귓속말 자체는 학교폭력의 범주에 들어가지 않습니다. 그러나 함께 있을 때
마다 나를 노려보거나 인상을 찌푸리면서 다른 친구에게 귓속말한다면 지
속적인 '심리적 공격'에 해당하므로 학교폭력이 될 수 있어요.

잘못을 사과했는데도 왕따가 됐어요.

얼마 전에 말 한번 잘못했다가
완전히 난리가 났어요.

무슨 일이 있었는데요?

은석이가 옆자리 유라를 잘 챙겨 주거든요.
"은석이 걔 혹시 유라 좋아하는 거 아냐?"
장난으로 이렇게 말했는데
이야기가 부풀려져서
은석이랑 유라가 사귄다는 소문이 났어요.

저런, 은석이도 유라도 정말 난감했겠어요.
당사자가 없는 데서 이러쿵저러쿵 말하는 건
나쁜 행동이라는 걸 잘 알았죠?

네. 두 사람에게 너무 미안해서
정식으로 사과했어요.
"나 혼자 착각해서 그랬어. 미안해." 라고요.

먼저 사과하다니 용기 있는 행동이군요.
정말 잘했어요.

그런데 그 뒤로 은석이가 자꾸만 저를 따돌려요.
"야, 구라쟁이, 또 구라 치러 다니냐?"
"쟤랑 놀지 마. 입만 열면 구라야."
이런 얘기를 해서 반 친구들까지 저를 멀리하게 됐어요.
저는 이제 우리 반 공식 왕따예요.

은석이가 도리어 가해 학생이 되었네요.
잘못한 내용을 과장되게 전달하고
따돌림을 주도하며 소외시키고 있으니까요.
내가 이전에 잘못했다고 해서
은석이의 나쁜 행동을 모두 참을 필요는 없어요.
부모님이나 선생님과 진지하게 상담해 보세요.

한 번 더 생각해요

먼저 잘못했다고 해서 영원히 '가해 학생'인 건 아니에요.
피해 학생이었던 친구가 주도해서 나를 따돌린다면 그것 또한 학교폭력입
니다.

모두가 싫어하는 배신자

"아, 진짜 짜증 나. 한 번만 눈감아 주면 될 텐데. 쟤는 완전 고자질쟁이야."

이안이는 투덜거리며 얼굴을 찡그립니다. 곁에 있던 한울이는 이안이 눈치만 보고 있습니다. 오늘 아침 선생님이 복도에서 뛰지 말라고 당부하셨는데 한울이와 이안이가 복도에서 뛰는 바람에 학급 봉사위원에게 이름이 적혔거든요.

"우리가 잘못했으니까 그렇지."

한울이는 조그만 목소리로 이안이에게 말합니다. 하지만 이안이는 들은 척도 하지 않고 한참을 씩씩대더니 갑자기 뜬금없는 이야기를 꺼냅니다.

"있지, 한울아. 다음 학기 봉사위원 선거 나가 볼래?"

"어? 네가 아니고 내가?"

갑작스러운 제안에 한울이는 당황합니다. 한울이는 수줍음이 많아서 봉사위원은 꿈도 꿔 본 적 없습니다. 반면에 이안이는 학교의 스타

32

같은 존재입니다. 게임도, 운동도, 성대모사도 잘해서 인기가 많아요. 이안이와 친구인 것이 자랑스럽지만, 솔직히 인기 많은 건 무척 부럽기도 하답니다.

"뭘 고민해. 나 친구 많은 거 알잖아. 내가 밀어줄게."

"음……. 알았어. 그럼 선거 나가 볼게."

이안이의 자신만만한 말에 한울이도 용기를 내 봅니다.

☀ · ☀ · ☀

시간이 흘러 봉사위원을 뽑는 날이 되었습니다. 한울이가 연단에 나오자마자 이안이가 "우와! 한울이다! 정한울 파이팅!"이라고 크게 외칩니다. "이번에 한울이 안 뽑는 사람은 생각이 없는 거야. 다들 누구

찍을지 결정했지?"라고 떠드는 이안이의 목소리가 들립니다. 한울이는 왠지 머쓱해집니다. 이안이와 친구들 덕분인지, 결국 한울이가 봉사위원으로 당선되었습니다.

봉사위원이 된 다음 날, 선생님은 첫 임무라며 지각하는 학생 이름을 적으라고 하셨어요. 교문 앞에 서서 시간을 확인하고 있는데, 이안이가 저 멀리서 느릿느릿 걸어오는 게 보였습니다.

"이안아! 너 1분만 지나면 지각이야! 얼른 뛰어와!"

한울이가 외쳤지만 이안이는 한울이를 보고 씩 웃으며 오히려 천천히 걷더니 지각해 버렸습니다.

"야, 한 번만 봐줘. 우리는 친구잖아."

느긋한 이안이의 부탁에 한울이는 난감해집니다.

"이안아, 정말 미안해. 그렇지만 봉사위원으로서 하는 첫 임무라서 안 적을 수가 없어. 이해해 줄 거지?"

"……."

입을 꾹 다문 이안이의 눈매가 예사롭지 않습니다.

선생님께 지각생 이름을 제출하고 반으로 돌아오자, 이안이와 아이들이 교실 한구석에 모여 큰 소리로 떠드는 모습이 보였습니다.

"봉사위원 됐다고 이제 친구가 필요 없나 보지?"

"그러게. 진짜 재수 없다. 어떻게 이안이 너를 배신하냐."

"다들 저 배신자랑은 놀지 마."

한울이는 애써 친구들의 말을 듣지 못한 척 자리로 돌아갑니다. 친구들의 '배신자'라는 말이 자꾸만 귓가를 맴돕니다.

'봉사위원 같은 거, 역시 하지 말걸 그랬어.'

한울이는 책상에 얼굴을 파묻고 엎드려 버렸어요.

이런 마음으로 그랬어요! 🌷 🖤 🌷

한울이는 친구도 없는 앤데, 저랑 제 친구들 덕분에 봉사위원이 된 거예요. 그런데 뽑히고 나니까 바로 배신하잖아요. 한울이가 먼저 배신했으니까, 저도 이제 같이 안 놀 거예요.

변호사 쌤이 알려 주는 경계선 지키기

친구를 사귀다 보면 나도 모르게 평가하게 될 때가 있어요.

'하나는 다들 싫어해. 개랑 친하게 지내면 나도 미움받을 거야.'

'두리는 친구가 많으니 친하게 지내면 이득이겠지.'

공부 잘하는 친구랑 놀면 왠지 나도 대접받는 것 같고, 반대로 아이들이 꺼리는 친구와 함께 다니면 창피당할 것 같습니다. 하지만 정말 그럴까요? 그리고 그런 평가가 과연 옳은 걸까요?

학교생활을 하다 보면 눈에 띄는 친구가 있기 마련이에요. 어떤 아이는 매년 봉사위원을 맡고, 어떤 아이는 친구가 정말 많지요. 하지만 그건 쉽게 눈에 띄는 특징일 뿐, 다른 친구들이 그 친구보다 못한 건 아니에요. 눈에 띄지 않는 장점을 가진 친구가 훨씬 더 많으니까요. **멋대로 평가 기준을 만들고 그 기준으로 여럿이 한 친구를 무시하며 괴롭히는 것은 법적으로 학교폭력에 해당**한답니다.

친구들 무리와 멀어져서 걱정이라면

성격에 따라 리더 역할을 즐기는 친구들이 있어요. 대부분 영향력 강한 아이들이죠. 그런 친구가 어느 날 갑자기 "넌 우리랑 어울리지 않으니까 빠져!"라고 하면 가슴이 덜컥 내려앉습니다. 내가 못나서 밀려난 것 같아 속상하기도 하고요.

하지만 친구들이 멋대로 만든 기준에 부합하지 않는다고 해서 부족한 사람인 건 아니에요. 자신을 탓할 필요가 전혀 없답니다. 그러니 움츠러들지 말고 당당하게 맞서세요. "나를 함부로 대하지 마. 무시하는 것 같아서 속상하잖아."라고 말하는 거예요.

우리가 살고 있는 세상은 학교보다 훨씬 크고 넓습니다. 세상은 친구들이 만든 기준에 따라 움직이지 않아요. 우리 안의 숨겨진 가치를 훨씬 더 소중하게 보고 판단한답니다. 당당히 어깨를 펴고 나만의 장점을 찾는 데 집중해 봐요.

그리고 '나는 괜찮은 사람'이라는 생각을 꾸준히 하며 '자존감'을 키우세요. 자존감이란 나를 존중하는 마음이에요. 나부터 나를 존중해야 친구들도 나를 존중해 준답니다. 다른 아이들의 험담을 귀담아듣기보다는, 내가 좋아하고 잘하는 일에 집중하세요.

나를 지키는 한마디

"나를 함부로 대하면 무시당하는 것 같아 기분이 나빠. 내가 널 존중하듯 너도 날 존중해 줘."

특수 학생에게 소리를 질렀어요.

화가 나서 순간적으로 잘못된 행동을 했어요.
학교폭력으로 신고당하면 어떡하죠?

어떤 행동을 했는지 확실히 알아야
학교폭력인지 아닌지를 가늠할 수 있어요.
무슨 일인가요?

제 짝꿍이 특수 학생이거든요.
수업 시간에 저한테 자꾸 말을 걸어요.
말 걸지 말라고 했는데도요.
오늘은 정말 참을 수가 없어서
"지금 수업하잖아! 조용히 해!" 하고 외쳤어요.

모두 깜짝 놀랐겠네요.

다들 놀라서 저를 쳐다봤어요.
제가 너무 욱한 거 같아요.

결론부터 말하면, 학교폭력은 아니에요.
답답해서 홧김에 소리를 지른 것이지,
따돌리거나 위협하려는 의도는 아니었으니까요.

맞아요, 그 순간 너무 화나서 그런 거지
나쁜 의도로 그런 건 아니에요.

특수 학생인 친구와 이야기가 잘 통하지 않아
갑갑할 수 있지만, 다시 한번 "수업 시간에는
선생님 말씀만 듣자." 라고 천천히 말해 보세요.
나와 조금 다를 뿐,
같은 반에서 함께 공부하는 친구니까요.

이번 일은 제 잘못이 맞아요.
모두에게 사과하고 앞으로 노력해 볼게요.

한 번 더 생각해요

나와 다르다고 해서 '나보다 못한 아이'라고 성급하게 선을 긋고 함부로 대해서는 안 돼요. 더딘 친구를 이해하고 기다려 주는 것도 사회 구성원으로서의 몫이랍니다.

따돌림에 동조한 친구들이 더 싫어요.

오늘 친구들이 저를 빼고
자기들끼리 먼저 급식을 먹더라고요.

흠, 어쩌다 그런 날도 있을 수 있죠.
물론 일부러 그런 거라면 문제가 되겠지만요.

아무래도 일부러 그런 거 같아요.
제가 뒤늦게 가서 옆에 앉으려고 하니까
의자를 뒤로 확 밀면서
"여기 자리 없어. 다른 데 가서 앉아." 라고 했어요.

어디 다친 데는 없나요?
의자를 밀치다니, 그런 위험한 짓을!

다행히 다치진 않았어요.
그런데 저는 의자를 민 친구보다
다른 친구들한테 너무 화가 나요.
"그 표정 뭐야, 꼴에 우냐?"
"휴지통 앞에 자리 비었네. 거기 앉든가."
킥킥 웃으면서 이렇게 맞장구를 쳤거든요.

일부러 나쁜 말을 해서 수치심을 자극했군요.

네, 저는 주동자는 물론이고
맞장구친 애들까지 모두 잘못했다고 봐요.
이런 것도 학교폭력 맞죠?

물론이죠.
여럿이서 한 사람을 따돌리는 건
엄연한 학교폭력이에요.
말이나 행동으로 가담한 주변 친구들도
가해 학생으로 신고할 수 있어요.

한 번 더 생각해요

법률은 학교폭력을 주도한 학생은 물론, 거기에 가담한 학생까지 학교폭력
가해 학생으로 봅니다. 주도적으로 괴롭히지 않더라도 다른 친구를 괴롭히
는 데 동조하면 학교폭력으로 처분받을 수 있다는 걸 기억해 두세요.

"농담이라고 하면 다인가요? "

사람을 때리는 폭력은

모두가 잘못된 행동이란 걸 알아요.

하지만 날카로운 말로 마음에 상처를 주는 것 또한

폭력임을 모르는 친구들이 많답니다.

친구에게 들은 '불편한 말'이 정말 학교폭력이 맞는지

그리고 어떻게 대처해야 할지

별명, 명예 훼손, 욕설과 폭언 이야기를 통해 알아보아요.

2장.

이런 말은 너무 아파요
언어폭력

별명

뚱뚱한 게 잘못인가요?

　대아가 가장 좋아하는 건 아빠랑 캠핑 다니는 거예요. 그리고 두 번째로 좋아하는 건 캠핑 가서 아빠표 요리를 먹는 것이죠. 오늘도 아빠가 갓 구운 소시지를 불판에서 꺼내 대아에게 건넵니다. 정성껏 구운 소시지를 한 입 베어 물자 눈이 번쩍 뜨입니다.

　'정말 맛있어! 우리 아빠는 세상에서 제일 멋진 요리사야!'

　대아가 함박웃음을 지으며 엄지를 치켜세우자, 아빠도 대아를 향해 엄지를 듭니다. 대아는 아빠와 캠핑하는 이 시간이 가장 행복합니다. 불에 구운 소시지를 맘껏 먹은 대아는 불룩하게 부른 배를 통통 두드립니다.

☀ · ☀ · ☀

　알찬 주말을 보내고 월요일이 되었어요.

　'오늘따라 책상이랑 의자가 몸에 꼭 끼는 거 같아.'

　자리에 앉으니 통통한 배가 책상에 눌리는 느낌이 듭니다. 숨이 막힐 것 같은 기분에 대아는 책상을 앞으로 조금 밀었어요.

"어?! 너 뱃살 때문에 책상 미는 거지? 자리가 그렇게 좁아?"

하필이면 그 모습을 민우가 보고 얄밉게 말합니다.

"아, 아니야! 그냥 책상 밑에 뭐 떨어져서 주운 거야!"

민우는 변명하는 대아를 장난기 어린 눈으로 바라보더니, 갑자기 무언가 생각난 듯이 손뼉을 탁, 칩니다.

"아, 참. 대아야. 나 어제 너 본 것 같아!"

"어, 언제?"

"너 어제 TV에 나왔잖아! 너 헤엄치는 거 봤어. 이것 봐!"

민우는 핸드폰을 켜서 하마가 호수에서 헤엄치는 모습을 보여 줍니다.

"뭐? 이건 하마잖아."

"응. 목이 짧고 뚱뚱한 게 너랑 똑같잖아."

민우는 재밌다는 듯이 킬킬거립니다. 대아의 얼굴이 벌겋게 달아오르고, 고구마를 먹은 것처럼 숨이 꽉 막힙니다.

'나는 맛있는 게 좋을 뿐인데. 먹으면 자꾸 살이 찌는 걸 어떻게 해!'

대아는 자꾸만 하마라고 놀리는 민우를 피해서 화장실로 도망칩니다. 화장실 거울을 들여다보니 배가 볼록 튀어나와 있습니다. 어제 먹은 소시지가 잔뜩 들어 있는 것 같습니다.

'교실에 들어가면 민우가 또 날 놀릴 것 같은데……'

한참을 망설이다가 수업 종이 울리기 직전, 무거운 발걸음을 이끌고 겨우 교실로 향했어요. 그런데 대아 책상 위에 『하마의 일생』이라는 책이 놓여 있습니다. 어리둥절해서 책을 집어 들자 민우가 장난스럽게 외칩니다.

"얘들아, 저것 봐! 대아가 하마 책을 빌렸어. 하마 닮아서 그런지, 하마처럼 살고 싶나 봐!"

친구들은 모두 까르르 웃습니다. 대아의 두 볼이 화끈 달아올랐어요.

"나 하마 아니야! 하마라고 놀리지 마!"

대아가 화를 내자, 민우가 냉큼 받아칩니다.

"하마같이 생겨서 하마라고 하는 건데 뭐가 문제야?"

눈을 깜박이며 당당하게 말하는 민우를 보자 말문이 턱, 막힙니다. 책 표지의 하마 사진과 대아 얼굴을 비교하던 친구들은 저희들끼리 킥킥대며 수군거립니다.

'뚱뚱하다는 이유만으로 이렇게까지 놀림을 받아야 해? 내가 정말 그렇게 하마 같나?'

깔깔대는 아이들 사이에서 대아는 최대한 몸을 움츠려 봅니다. 그렇게 하면 조금이라도 몸집이 작아질 것처럼요.

이런 마음으로 그랬어요! ☺ ☺ ☺

대아 뱃살 봤어요? 이만큼 부풀어서 앉으면 책상까지 닿아요! 걷는 것도 뒤뚱뒤뚱하고 하마랑 똑같잖아요. 저는 그냥 보이는 대로 말한 거예요.

변호사 쌤이 알려 주는 경계선 지키기

여러 친구 중 유독 한 친구만 다른 특징이 있으면 눈에 띄죠? 우리는 친구들의 특징을 발견해 별명을 짓곤 해요. 외모적 특징이 별명이 될 때도 있고, 독특한 이름이 별명이 될 때도 있지요. 친한 친구끼리 별명을 부르고 장난을 치는 건 흔히 있는 일이에요. 친근감의 표현이기도 하니까요.

하지만 별명이 짓궂게 들릴 때도 있습니다. 뚱뚱한 친구를 "돼지야."라고 부르거나, '변' 씨 친구를 "변기야."라고 부르면 당연히 기분이 나쁘겠지요. 친구가 싫으니 **별명으로 부르지 말라고 했는데도 계속해서 부르며 친구를 괴롭히는 건 학교폭력**이에요.

꼭 별명이 아니더라도 외모에 대해 말할 때는 조심해야 합니다. 우리는 모두 자기만의 개성을 지닌 소중한 사람이지, 누가 더 낫거나 누가 더 못한 게 아니거든요. 게다가 예쁘다거나 못생겼다는 기준은 사람마다 달라서 확실히 판가름할 수 없어요. 친구를 존중하고 배려한다면 생김새 이야기는 함부로 꺼내지 말기로 해요.

짓궂은 별명 때문에 걱정이라면

듣기 싫은 별명을 들으면 "그 별명은 기분 나쁘니까 부르지 마."라고 정확히 말하세요. 친구는 나도 그 별명을 즐기는 거라 착각하거나, 괜찮은 줄 알고 계속 별명을 부를 수 있어요. 내가 싫어한다는 사실을 친구에게 분명히 알려야 합니다.

만약 친구가 "네가 돼지 같으니까 돼지라고 부르지!"라고 대꾸한다면, "네 눈에 그렇게 보이더라도, 나는 그 말이 기분 나빠. 누가 너의 외모를 놀리면 넌 어떨 것 같아?"라고 공감하도록 해 보세요. 공감이란 상대방 입장에서 생각해 보고 그 마음을 이해하는 거랍니다.

친구가 나의 외모, 행동, 이름으로 별명을 만들어 놀린다고 해서 '내가 이상한 사람인가?'라고 생각하며 작아질 필요는 없어요. 외모와 행동이 다른 건 나만의 개성이 있다는 거고, 이름이 독특한 건 부모님이 그만큼 특별하게 지어 주신 거니까요.

나를 지키는 한마디

"난 그 별명이 싫으니 이름으로 불러 줘. 나를 웃음거리로 만들지 마."

친해지고 싶어서 그런 건데…….

오늘 저랑 안 친한 친구와 짝꿍이 됐어요.
그런데 중간에 말실수한 거 같아요. ㅠㅠ

어떤 이야기를 했는데 그래요?

친해지고 싶은 맘에 이것저것 얘기하다가
"너 붕어 닮았다!" 라고 말해 버렸어요. ㅠㅠ
눈이 툭 튀어나온 게 닮긴 했거든요.

좋은 이야기가 아니라 친구가 속상했겠어요.

네, 듣자마자 눈살을 찌푸렸어요.
갑자기 째려보는데 진짜 으스스했다니까요!
싫어하는 눈치라 저도 더는 말하지 않았어요.

외모에 관한 이야기는 조심해야 해요.
친구가 상처받을 수 있으니까요.

저도 알아요, 잘못한 거.
근데 문제는 그 뒤에 벌어졌어요!
그 친구가 아무리 생각해도 기분 나쁘다며
저를 학교폭력으로 신고하겠다는 거예요. ㅠㅠ

혹시 붕어 닮았다는 말을 그 뒤에도 계속했나요?

아뇨. 처음에 딱 한 번만 말했어요.

반복적으로 부르며 괴롭혔다면 학교폭력이지만
딱 한 번 그런 거라면 학교폭력이 아니에요.
누구나 말실수를 할 수는 있어요.
사과하고 다시 하지 않으면 된답니다.

한 번 더 생각해요

싫어할 걸 생각하지 못하고 말한 건 학교폭력에 해당하지 않습니다. 하지만, 친구가 기분 나빠할 걸 알고서 말했거나 친구가 싫다고 의사 표현을 했음에도 불구하고 계속해서 놀렸을 때는 학교폭력으로 인정돼요.

참다 참다 발끈했는데 제가 가해자래요.

저 좀 도와주세요!
피해자였는데 갑자기 가해자가 됐어요. ㅠㅠ

그동안의 이야기를 차근차근 해 볼래요?

제 이름이 김동해거든요.
근데 어떤 애가 이름으로 별명을 만들었어요.
"너는 김똥개네!" 이러면서요.

누가 들어도 기분 나쁜 별명이네요.
그 친구에게 싫다는 표현은 했나요?

당연하죠. 듣자마자 하지 말라고 했어요.
그런데 10번이나 저를 똥개라고 불렀다고요!

흠, 싫다고 했는데 반복적으로
욕설이 들어간 별명을 부르는 건
학교폭력으로 볼 수 있어요.

오늘도 또 그렇게 부르길래 저도
"그러는 너는 뚱뚱하고 까만 피부니까
제주도 똥돼지야!" 라고 쏘아붙였어요.
그랬더니 저를 학교폭력으로 신고하겠다잖아요.
진짜 신고당하면 어쩌죠? 억울해요!

계속된 욕설에 대응하려다
나쁜 말까지 한 거면 학교폭력은 아니에요.
친구가 먼저 여러 번 비하하며 공격한 상황이고
나는 방어하려고 한두 번 얘기한 거니까요.
그렇지만 다음부터는 나쁜 말에
똑같이 나쁜 말로 대응하지 말기로 해요.

한 번 더 생각해요

친구의 나쁜 말과 행동에 수동적으로 대응한 것은 학교폭력으로 보지 않아
요. 겉으로 보면 서로 나쁜 말을 주고받은 것처럼 보이지만, 사실은 친구가
더 많이 말하고 먼저 비하하며 공격한 상황이니까요.

명예
훼손

다른 친구 앞에서 부풀려 말해요

뽕, 뽕, 뽕.

해인이가 게임을 하다가 힐끗 시계를 봅니다. 벌써 오후 8시입니다. 내일 영어 학원에서 시험을 본다고 했는데 해인이는 아직 단어를 들여다보지도 못했습니다.

'조금만 더 놀다가 외워도 되겠지? 5분만 더하자.'

해인이는 게임기를 놓지 못하고 게임을 계속합니다.

☀ · ☀ · ☀

다음 날 영어 학원. 해인이의 영어 단어 시험지에는 0점이 적혀 있습니다. 10개 중에 하나도 정답을 맞히지 못했어요. 누가 볼까 부끄러운 마음에 해인이가 후다닥 시험지를 가방에 구겨 넣습니다.

"어, 해인이 0점이야?"

아뿔싸. 하필이면 옆자리에 있던 지현이가 해인이의 점수를 흘끗 보고 말았습니다. 평소 해인이에게 은근히 라이벌 의식을 불태우는 지현이는 해인이의 점수에 예민합니다. 지현이가 큰 소리로 말하자 아이들이 전부 해인이와 지현이를 쳐다봅니다.

"정말 0점이야? 어떻게 0점이 나오지?"

"오늘 단어는 안 어려웠는데."

친구들의 말에 해인이는 당황해서 귀까지 붉게 물듭니다.

"아, 아니야! 지현이가 잘못 본 거야."

해인이는 고개를 저으며 다급히 변명합니다. 사실은 0점이지만, 친구들이 0점이라고 큰 소리로 말하고 다니는 건 부끄럽습니다. 그런데 지현이가 의심하며 되묻습니다.

"정말? 그러면 몇 점인데? 시험지 보여 줘!"

지현이가 해인이의 가방을 잡아끌며, 가방 안에서 시험지를 꺼내려고 합니다. 해인이는 그런 지현이의 손을 뿌리쳤어요.

"내 시험지를 네가 왜 봐! 싫어!"

"사실은 0점 맞지? 그래서 시험지 안 보여 주는 거잖아!"

팔짱을 끼고 얄미운 표정으로 말하는 지현이를 피해, 해인이는 황급히 학원을 나섭니다. 내일이 되면 다들 이 소동을 잊기를 바라면서요.

☀ · ☀ · ☀

다음 날, 지현이는 교실에 도착하자마자 근질거리는 입을 터트리면서 아이들에게 큰 소리로 말합니다.

"애들아, 내가 비밀 얘기 하나 해 줄까?"

“뭔데, 뭔데? 가르쳐 줘!”

“있지, 해인이 말이야! 어제 영어 학원에서 빵점 맞았대?”

“뭐? 해인이는 공부 잘하지 않아?”

“정말? 진짜야? 해인이가 빵점이라고?”

“응! 내가 해인이 시험지에 크게 ‘0’ 이라고 적힌 거 봤어. 확실해!”

지현이가 자신 있는 목소리로 말합니다.

그때 교실 문이 열리고 해인이가 들어옵니다.

“해인이, 너 어제 빵점 받았다며?”

“어?”

해인이는 우르르 몰려온 아이들을 보고 당황해서 눈을 깜박입니다.

“빵점이 왔어?”

얄미운 지현이가 웃으면서 해인이를 쳐다봅니다. 해인이는 창피한 마음에 얼굴이 홍당무처럼 빨갛게 달아오릅니다.

이런 마음으로 그랬어요! 🌷 🖤 🌷

 해인이는 평소에 공부 잘한다고 잘난 척을 해요. 그래서 다른 친구들한테 제가 해인이보다 공부 더 잘한다는 거 알려 주려고 그랬어요. 빵점 맞은 거 맞잖아요? 제 말이 틀려요?

변호사 쌤이 알려 주는 경계선 지키기

가끔 내가 했더라도 남들에게 알려지지 않기를 바라는 일이 있죠. 예를 들어 빵점 맞은 시험지 같은 건 너무나 부끄러워서 아무도 모르기를 바랍니다.

또 내가 한 행동이 부풀려져서 소문나는 것도 당황스러운 일이에요. 짝꿍에게 가위를 건네주다 우연히 손이 닿았을 뿐인데 "너희 사귀지? 아까 손잡았잖아. 다 알아!"라고 하면 어이없겠죠.

우리는 다른 사람이 '나에 대해 어떻게 생각할지'를 스스로 관리해요. 이걸 '명예'라고 합니다.

친구가 나에 대해 거짓말하는 건 내 명예를 침해하는 거랍니다. 만약 누군가가 내가 하지 않은 행동을 내가 했다고 하거나, 내가 한 행동을 부정적으로 소문내고 다니면 어떨까요? 빵점이 아닌데 빵점이라고 하거나, 빵점인 걸 숨기고 싶은데 일부러 여기저기 말하고 다닌다면 너무나 억울하겠죠. 이런 것을 '명예 훼손'이라고 해요.

법률은 명예 훼손으로 정신적인 피해를 주는 행위를 학교폭력으로 규정합니다. **내가 알리고 싶지 않은 일을 소문내거나, 실제보다 부풀려 말해 내 명예를 훼손하는 건 학교폭력**이에요.

부끄러운 모습을 모두가 알게 될까 봐 걱정이라면

숨기고 싶은 일을 친구가 사방팔방 떠들고 다니면 화가 나면서도 부끄럽죠. 그 말이 사실일 경우에는 더더욱 대꾸할 말을 찾지 못하고요. 하지만 소문 때문에 내 명예가 떨어지도록 그대로 두어서는 안 돼요. "그건 다른 사람에게 말하지 않았으면 좋겠어. 내가 부끄러워지거든."이라고 단호하게 말하세요. 친구가 내 마음을 몰라서 그랬을 수도 있으니까요.

친구의 친구를 거쳐서 소문이 전달되면 훨씬 과장되고 부풀려질 수 있어요. 모르는 사람에게까지 순식간에 퍼지기도 하고요. 그럴 때는 선생님이나 부모님께 말씀드려서 더 크게 소문나는 걸 막아 달라고 하세요.

친구들이 내게 와서 "그 소문이 사실이야?"라고 묻는다면 내가 한 행동은 인정하고 아닌 건 아니라고 사실대로 말하세요. 만약 아무것도 알리고 싶지 않다면 "그 소문에 대해서는 굳이 말하기 싫어."라고 답을 거절해도 돼요. 피해자인 여러분이 일일이 변명할 필요는 없답니다.

나를 지키는 한마디

"다른 친구들이 나를 안 좋게 볼까 봐 걱정되니까 나에 대해 함부로 말하지 않았으면 좋겠어."

범인이 확실한데 말도 못 하나요?

저 학교폭력으로 신고하고 싶어요!
학교 도서관 책상에 제 욕이 적힌 거 있죠.
'잼민이 기하윤 끔찍이 싫어.'라고요.
저는 성이 특이해서 같은 이름인 사람도 없다고요!

정말 속상하겠어요.
하지만 낙서한 사람이 누구인지 모르는 상황에서
무턱대고 학교폭력 신고를 하기는 어려워요.

아뇨, 저는 범인을 알 거 같아요.
얼마 전에 저랑 크게 싸운 서하요!

서하가 낙서하는 걸 본 사람이 있나요?

그건 아니지만, 걔 아니면 이럴 사람이 없는걸요.
너무 화나서 서하에게 따졌더니
자기는 아니라며 억울하대요.

서하가 아닐 수도 있는 거네요.
무조건 몰아가서는 안 돼요.

저만이 아니라 다들 그렇게 생각한다니까요?
제 짝꿍한테 서하가 낙서한 거 같으니
학교폭력으로 신고할 거라 말했거든요.
그걸 다른 아이들이 들었나 봐요.
다들 제 말을 믿고 '도서관 낙서는
서하가 범인이야.'라고 말하던걸요.

잠깐 진정하고 선생님 얘기를 들어 볼래요?
이건 오히려 서하가 신고해야 할 일이에요.
서하의 명예가 훼손되었으니까요.
둘이서만 험담을 했다고 해도
다른 친구들에게 전해졌다면
명예 훼손으로 인한 학교폭력입니다.
서하에게 사과하고 더는 그러지 않도록 하세요.

(참고: 서울행정법원 2022. 10. 21. 선고 2021구합85181 판결)

한 번 더 생각해요

확인되지 않은 말을 함부로 해서는 안 돼요. 또한, 딱 한 명에게만 말했다고
하더라도 여러 명에게 전파될 가능성이 있다면 명예 훼손이 될 수 있어요.

전학까지 왔는데 따라와서 괴롭혀요.

저는 작년에 학교폭력을 당했어요.
가해자는 학폭위를 통해 학교 봉사 처분을 받았고요.
새롭게 시작하고 싶어서 다른 학교로 전학을 왔는데
같은 가해자에게 또 학교폭력을 당하고 있어요!

학교가 바뀌었는데도 따라와서
시비를 걸며 괴롭힌 건가요?

아뇨, 그것보다 더 상황이 안 좋아요.
이번엔 제가 아니라
새 학교 친구들에게 접근했거든요.

새 학교 친구들에게 접근해서
어떤 방식으로 괴롭혔나요?

저에 대한 소문을 퍼뜨렸어요.
"쟤는 전에 학교폭력 당하던 애야.
당할 만해서 당했지. 쟤랑 놀지 마."
이렇게 말하고 다니는 거 있죠. ㅠㅠ

62

밝히고 싶지 않은 내용을 일부러 말한 거네요.
상처받을 걸 알면서도요.

새 학교 친구들에게는 알리고 싶지 않았는데
벌써 다들 알아 버려서 마음이 너무 힘들어요.
같은 학교가 아니라도 학교폭력으로 신고할 수 있나요?

학교가 다르더라도 학폭 신고는 가능해요.
그런데 그보다 더 큰 문제가 있네요!
가해 학생이 비밀을 지키지 않았다는 거예요.
학교폭력과 관련된 사람들에게는
비밀 유지의 의무가 있어요.
가해자이든 피해자이든
그 일을 다른 사람에게 함부로 말해서는 안 돼요.
이번 일은 2차 가해에 해당하니
또다시 학교폭력으로 신고할 수 있습니다.

한 번 더 생각해요

학교폭력 가해 학생과 피해 학생은 자기가 어떤 처분을 받았는지 다른 사람
들에게 말을 해서는 안 되는 비밀 유지의 의무가 있어요. 또한 학교가 다르
더라도 학교폭력으로 신고할 수 있습니다.

힘센 사람인 척 욕을 해요

"우리 반 회장 당선자는 정윤기입니다."

"와! 애들아, 나 열심히 할게!"

투표 결과가 나오자마자 윤기는 기쁨의 환호성을 질렀어요. 2등인 민후와는 겨우 두 표 차. 정말 아슬아슬했답니다.

두 표 차이로 밀린 민후는 괜히 자존심이 상합니다.

'흥. 나보다 축구도 못하면서 잘난 척하기는.'

윤기를 흘겨보는 민후의 눈에서 불꽃이 튑니다.

☀ · ☀ · ☀

회장으로 당선된 이후로 윤기는 반에서 모범이 되려고 노력했어요. 하지만 민후 눈에는 윤기의 행동이 못마땅해요. 회장이 되었다고 착한 척하는 것 같아 괜히 얄밉게 보입니다.

체육시간을 앞두고 회장인 윤기는 선생님 말씀에 따라 반 친구들을 운동장에 줄 세우기 시작합니다. 그런데 민후는 번호대로 줄을 서지 않

64

고 친한 친구들끼리 모여서 장난을 치고 있어요.

"민후야, 선생님 말씀대로 줄 서자."

윤기가 큰 소리로 외쳤지만 민후는 들은 척도 하지 않습니다.

"민후야, 줄 서라니까?"

윤기를 흘끗 본 민후가 옆에 있던 친구들에게 큰 소리로 말했어요.

"쟤 지금 혼자 뭐라는 거야? 나는 안 들리는데, 너희는 들려? 모기처럼 앵앵거려서 뭐라고 하는지 하나도 모르겠어."

친구들은 민후와 윤기를 번갈아서 바라봅니다. 민후는 덩치도 크고 운동을 아주 잘해요. 민후랑 같이 축구하면 다른 반 아이들을 쉽게 이길 수 있답니다. 그래서 다들 민후와 같은 편이 되기를 원해요. 그런데

며칠 전부터 민후가 윤기를 축구팀에 끼워 주지 않는 중이에요.

'민후한테 밉보이면 축구팀에 안 끼워 주겠지.'

아이들은 민후의 눈치를 보다가 하나둘씩 맞장구를 칩니다.

"맞아. 나도 윤기가 뭐라고 하는지 잘 모르겠어."

"윤기는 목소리가 너무 작아."

친구들이 편을 들어주자 민후는 의기양양해집니다.

"그것 봐. 다들 안 들린다잖아."

윤기는 화를 꾹 참고 좀 더 큰 목소리로 말해 봅니다.

"도민후, 이제 들려?! 줄 서자!"

그런데 민후가 고개를 돌리더니 갑자기 화를 버럭 냅니다.

"줄을 서든 말든 내가 알 바야? 네가 뭔데 나한테 이래라저래라 명령이냐고!"

"뭐? 그야 나는 회장이니까⋯⋯."

"회장이면 단가? 말 막히니 회장 들먹이쥬? 그거 빼면 아무 말도 못 하쥬? 회장 타이틀이 아주 무적의 방패쥬? 지금 겁나 빡쳐서 나 때리고 싶쥬? 킹받쥬? 그래도 못 때리쥬?"

민후는 윤기를 향해 비아냥거리며 나쁜 말을 쏟아냈어요.

"뭐? 너 지금 뭐라고 했어?"

갑작스레 쏟아지는 폭언에 화가 난 윤기가 부들부들 떨며 따졌습니다.

"내가 한 말 못 들었어? 저리 꺼지라고."

민후는 마지막까지 비꼬는 말을 하더니 유유히 떠납니다. 윤기는 민후가 사라진 자리에서 얼어붙은 듯 서 있습니다.

이런 마음으로 그랬어요! 🌷 🌷 🌷

회장 됐다면서 거들먹거리는 게 재수 없어요. '킹받쥬' 같은 유행어 좀 쓴 게 잘못은 아니잖아요? 다들 하는 말이고 욕도 아닌데요, 뭐.

우리는 어른들에게 고운 말, 예쁜 말을 쓰라고 배웠어요. 왜 친구들에게 고운 말을 해야 할까요?

언어에는 힘이 있어요. 같은 말이라도 억양이나 말투, 말하는 사람의 표정과 분위기에 따라 좋은 말이 되기도 하고 나쁜 말이 되기도 해요. 좋은 말은 나를 어루만져 주고, 나쁜 말은 하루 종일 기분 나쁘게 하죠. 말 한마디의 위력은 매우 큽니다.

나에게 말을 걸어 주는 사람이 다정하게 말하면, 나도 상대방을 존중해야겠다는 생각이 들어요. 반대로 나를 깔보고 무시하는 어투로 말하면 기분이 나쁘고, 나도 그 사람을 존중하고 싶지 않아져요.

단순히 기분이 상하는 말에 그치지 않고, **친구를 향해 욕설과 폭언, 즉 난폭한 말을 하는 건 법적으로 학교폭력**이에요. 요즘 어린이들이 자주 사용하는 '킹받쥬' 같은 **유행어도 어떤 의도와 몸짓으로 사용했는지에 따라 폭언**이 될 수 있어요. 친구를 놀리거나 비하하기 위해 사용했다면 욕이 전혀 섞이지 않았더라도 상처받을 수 있으니까요. 욕설과 폭언은 장난으로라도 써서는 안 됩니다.

욕설과 폭언을 들어 화가 난다면

친구에게 나쁜 말을 들으면 기분이 울컥하죠. 가끔은 때리는 것보다 날카로운 말이 더 아플 때도 있어요. 피가 나면 밴드를 붙이면 되는데, 마음의 상처에는 밴드를 붙일 수도 없으니까요.

여러분도 욕을 할 줄 몰라서 안 하는 게 아닐 거예요. 하면 안 된다는 걸 알기 때문에 하지 않을 뿐이죠. 친구가 나한테 욕설과 폭언을 할 때 똑같이 욕설로 맞대응하지 마세요. 대신 눈을 마주치며 "그런 욕설은 기분 나쁘고 듣기 싫어." 하고 내 감정이 상했다는 사실을 단호하게 표현하면 됩니다. 나까지 욕설을 입에 올리며 앙갚음할 필요는 없어요.

하나 더, 꼭 알아야 할 것이 있어요. 욕하는 친구를 겁내지 마세요. 그 친구는 '나쁜 말을 하면 내가 세 보이겠지?'라는 생각에 말을 내뱉지만, 그 말은 힘센 사람의 언어가 아니에요. 정말 힘이 세고 마음과 몸이 건강한 친구는 욕으로 자신을 포장하지 않아요. 포장된 모습에 겁내지 말도록 해요.

나를 지키는 한마디

"그런 욕을 들으면 기분이 나빠. 너도 나쁜 말인 거 알 테니까, 내 앞에서는 하지 마."

수업 시간에 자는 친구에게 화를 냈어요.

국어 시간에 모둠 활동을 하는데
한 아이가 자꾸만 엎드려 자는 거예요.
모둠에서는 각자 자기 할 일이 있어서
한 명이라도 빠지면 안 되거든요.

답답하고 속상했겠어요.
혹시 깨워 보았나요?

다들 몇 번씩이나 깨웠어요.
다 같이 모둠판 꾸며야 하는데
걔 때문에 완성이 안 되었거든요.

저런, 학급 활동에 방해가 된 상황이네요.

제 말이요. 그런데 자꾸 못 들은 척하고 자잖아요.
너무 화나서 "같이 해야지! 이 멍청아!" 하고
소리쳤어요.

친구의 반응은 어땠나요?

제 말을 듣고 벌떡 일어나더니
"왜 욕해? 넌 학폭 가해자야!"
이러더라고요.

욕설과 폭언이 학교폭력인지 확인할 때는
그렇게 말하게 된 과정까지 살핀답니다.
망신을 주려는 의도가 아니라
같이 학급 활동을 하자는 의도로 말한 거면
학교폭력에 해당하지 않아요.

한 번 더 생각해요

대화 과정에서 그 말을 하게 된 과정과 의도가 중요합니다. 예를 들어 수업
중 떠드는 친구에게 '시끄러워!'라고 말한다면 학교폭력이 아니에요. 친구를
망신 주려는 의도보다는 '수업에 몰두하자'라는 의도로 말한 거니까요.

저한테 자꾸 우리 엄마 험담을 해요.

저를 욕한 게 아니어도
학교폭력으로 신고할 수 있나요?
제 욕은 아니지만 너무 심한 말이라서요.

직접 겪은 일이 아닌가요?
당사자가 아닌데 왜 신고하려는지 궁금하네요.

저희 엄마는 뷰티 유튜버예요.
영상에 가끔 저도 등장해서
같은 반 친구들은 저희 엄마가 유튜버인 걸
다들 알고 있어요.

아하, 어머니에 관련된 얘기였군요.
그나저나 어머니 대단하신데요?
센스가 있는 멋진 분이신가 봐요.

네, 그런데 반 친구가 그걸 놀리더라고요.
"너희 엄마 별로 예쁘지도 않고 나이도 많은데
왜 그렇게 얼굴 까고 영상 올리는 거야?
근데 너도 네 엄마 꼭 닮았더라." 라고요

어머니에 대한 모욕적인 말을 했군요.

저를 욕한 건 아니라서
화를 내도 되는지 잘 모르겠어요.

내 앞에서 어머니에 대해 나쁜 말을 하는 건
내 기분을 상하게 하려고 하는 행동이죠.
그럴 때는 어머니를 모욕하는 말 또한
나에 대한 욕설로 볼 수 있어요.
당연히 학교폭력에 해당한답니다.

(참고: 인천지방법원 2023. 8. 25. 선고 2023구합51346 판결)

한 번 더 생각해요

내 앞에서 가족에 대한 욕설을 하는 것 또한 학교폭력입니다. 겉으로는 가족을 모욕하는 것처럼 보이지만, 명백히 나를 괴롭히기 위해 한 말과 행동이기 때문이에요.

"핸드폰을 끄면 끝날까요?"

온라인 세상에는 재미난 일만 있는 게 아니죠.

채팅방, 게시판, 게임 대화창에는

매일같이 누군가를 깎아내리는 글이 올라옵니다.

가상 공간이라 해도 감정을 갖고 행동하는 건 똑같기에

마음의 상처도 똑같이 받아요.

사이버 따돌림, 욕설, 익명글 사례를 통해

사이버 폭력이 무엇인지, 대처법은 무엇인지 알려 줄거요.

채팅방이 폭파됐어요!

나연이에게는 비밀이 있습니다. 바로 학원 친구 율하를 좋아한다는 겁니다. 학원에 처음 간 날, 율하는 먼저 "안녕?" 하고 웃으면서 인사를 해 주었습니다. 그날부터 나연이의 가슴은 분홍빛으로 물들었어요. 그런데 학원 친구인 수현이도 율하를 좋아했나 봐요.

"나 있잖아, 율하가 너무 좋아. 그런데 걔가 날 어떻게 생각하는지 모르겠어."

수현이가 발그레한 얼굴로 고백하자 곁에 있던 민지가 용기를 북돋아 줍니다.

"수현아, 우리만 믿어. 우리가 율하랑 너, 이어 줄게!"

"정말? 고마워, 얘들아. 역시 너희밖에 없어!"

수현이가 감동한 듯 민지와 나연이를 꼭 끌어안습니다.

'나도 율하를 좋아하는데…….'

수현이의 품 안에서 나연이는 어쩔 줄 모르겠는 심정입니다. 율하를 좋아하는 마음을 꼭꼭 숨겨야 하는지, 아니면 지금이라도 말해야 하는지 난감하기만 해요. 고민하던 나연이는 결국 입을 꾹 다물기로 합니다.

율하가 학원에 도착하자, 수현이가 나연이의 옆구리를 쿡 찌르더니 부탁합니다.

"나연아, 율하한테 좋아하는 사람 있는지 물어봐 줘!"

나연이는 엉거주춤 일어나 율하를 밖으로 불러냈어요.

"율하야, 잠깐 나랑 얘기 좀 할래?"

율하는 순순히 고개를 끄덕이며 일어섭니다.

두 사람이 교실을 나서자 수현이와 민지도 몰래 뒤를 밟습니다. 그 사실을 모르는 나연이와 율하는 복도 끝에 멈춰 섰어요.

"저기, 율하야. 혹시…… 좋아하는 사람 있어?"

나연이가 묻자 율하는 살짝 얼굴을 붉히더니 귓속말로 속삭입니다.

"응, 있어. 내가 좋아하는 사람은 나연이 너야."

뜻밖의 대답에 나연이는 깜짝 놀라 어안이 벙벙합니다. 율하는 쑥스러운지 눈을 피하며 되묻습니다.

"나도 모르게 고백했네. 나연이 너는 어때? 괜찮으면 우리 사귈래?"

"나도 네가 싫은 건 아닌데……."

뛸 듯이 기쁜 나연이였지만, 사귀자는 대답은 선뜻 나오지 않습니다. 소중한 친구인 수현이의 마음을 아프게 하고 싶진 않았거든요. 나연이가 말끝을 흐리자, 실망한 율하가 멋쩍게 자리를 뜹니다. 이 장면을 구석에서 몰래 지켜보던 수현이와 민지의 눈빛이 예사롭지 않습니다.

그날 저녁, 문득 핸드폰을 본 나연이는 깜짝 놀랍니다. 수현이, 민지, 나연이, 셋이 쓰던 채팅방에서 수현이와 민지가 나가 버린 겁니다. 어리둥절한 나연이는 수현이와 민지를 방에 다시 초대합니다.

수현이와 민지는 아무런 대답 없이 채팅방에서 다시 나가 버립니다. 친구들의 냉정한 반응에 나연이의 가슴이 덜컥 내려앉아요. 혼자 남은 채팅방 화면 위로 나연이의 눈물이 떨어집니다.

이런 마음으로 그랬어요! 🖐 🖐 🖐

 나연이가 먼저 저를 배신했어요. 제가 율하 좋아하는 걸 알면서 율하의 고백을 받았잖아요. 저랑 민지는 배신자랑 안 놀 거예요. 걔도 배신당해 봐야 제 심정을 알죠!

친구들과 어울려 지내다 보면 가끔은 속상한 일도 생기죠. 공감과 위로를 받고 싶어 채팅방에 하소연할 때도 있을 거예요. 하지만 내 마음을 토로하는 것에 그치지 않고, '날 괴롭힌 아이가 두 배로 힘들었으면 좋겠어.'라는 생각에 여러 명이 한 사람을 사이버상에서 따돌리는 건 어떨까요?

인터넷이나 핸드폰을 이용해 따돌리거나 심리적으로 압박해 정신적 피해를 주는 행동은 법적으로 학교폭력에 해당합니다. 친구가 있는 단체 대화방에서 그 친구만 쏙 빼놓고 방에서 나가 버리는 사이버 배제(방 폭파), 친구를 초대해서 욕을 퍼붓는 사이버 감옥, 다른 친구들과 짜고 그 친구 없는 채팅방을 만들어 곤란하게 만드는 사이버 왕따방은 모두 학교폭력이에요.

사이버 공간에서는 서로 얼굴이 보이지 않고, 버튼 하나로 모든 행동이 끝나기 때문에 누군가를 괴롭히기 더 쉬워요. 가해자는 쉽게 행동하지만 피해를 입는 친구는 절대 가벼운 상처로 끝나지 않는다는 걸 꼭 기억해 두세요.

채팅방에서 일어난 일로 고민이라면

나만 빼고 전부 채팅방을 나가 버리면 당황스럽지요. 친구들 사이에서 밀려난 기분이 들어 두렵기도 할 거예요. 하지만 친구들은 나와 취미나 관심사가 달라서 무심코 나갔을 수 있어요. "채팅방 왜 나간 거야? 놀랐잖아."라고 용기를 내서 물어보세요. 별일이 아니라면 금세 오해가 풀릴 거예요.

만약 친구의 대답이 시큰둥하거나 오히려 나를 비웃는다면 더 이상 직접 대응하지 마세요. 욕을 하거나 왕따방을 만드는 것처럼 도가 지나친 사이버 따돌림이라면 직접적인 대응이 오히려 그 친구를 자극해 상황이 악화될 수 있어요. 방을 나가 버리면 채팅 내용이 사라져 증거를 확보할 수 없으니, 채팅방에 있을 때 즉시 스크린 캡처를 해서 증거 자료를 남기고 선생님과 부모님께 도움을 요청하는 게 좋습니다.

나를 지키는 한마디

"채팅방에서 전부 나간 이유가 뭐야? 말없이 나가서 놀랐잖아. 무슨 일 때문인지 말해 줘."

→ 계속해서 메시지를 무시한다면 즉시 선생님과 부모님께 알립니다.

제 얘기하는 단톡방, 싫어요!

저 너무 속상해요. 저 없이 제 얘기하는
채팅방이 있다는 걸 알았어요!

나에 대해 무슨 이야기를 어떻게 했는지 알아야
학교폭력인지 아닌지 알 수 있어요.
차근차근 얘기해 볼래요?

친구를 찾으러 옆 반으로 갔는데
하필 문이 잘 안 열리더라고요.
세게 밀어서 열기는 했는데,
문에 기대 있던 영훈이가 머리를 부딪혔어요.

저런, 깜짝 놀라고 아팠겠어요.

네. 아프다고 소리를 지르길래
미안하다고 진심으로 사과했어요.
그런데 그 후에 영훈이가 단톡방에 계속
"나 다치게 하려고 일부러 그런 거 아니야?"
이렇게 채팅을 올렸대요. 너무 속상해요!
학교폭력으로 신고하고 싶어요!

82

채팅방에서 나에 대해 말했더라도
욕설 등의 수위가 높지 않으면
학교폭력으로 보지 않아요.
나를 모욕하거나 거짓된 말로
평판을 깎은 게 아니니까요.

이대로 그냥 넘어가라는 거예요?
영훈이가 그렇게 말하는 바람에
제가 이상한 애라고 소문이 났는데요?

다른 친구들이 내 행동을 오해하게끔 말하는 건
잘못된 행동이에요.
계속 그렇게 소문을 낸다면 이렇게 말하세요.
"아프게 해서 미안해.
그렇지만 일부러 그런 건 아니니까,
다른 친구들이 오해하게 하지 말아줘."

한 번 더 생각해요

모욕할 만한 수위 높은 욕설이 없으며 거짓된 말로 평판을 깎은 게 아니라면 학교폭력에 해당하지 않습니다. 하지만 험담과 더불어 친구들을 선동하여 따돌림을 주도하려는 모습이 보인다면 그때부터는 학교폭력으로 볼 수 있어요.

카톡 감옥에 갇혔어요!

 모둠 활동에서 발표를 맡았는데
너무 떠는 바람에 다 망쳐 버렸어요.
다들 애썼는데 저 때문에…… ㅠㅠ

누구나 떨리면 그럴 수 있어요.
괜찮으니 울지 말고 차분히 말해 볼래요?

 발표 끝나자마자 너무 미안한 마음에
모둠 친구들 세 명에게 미안하다고 말했어요.
그런데 친구들이 사과를 받아 주지 않았어요.

친구들이 단단히 화가 났나 봐요.
일부러 그런 것도 아닌데 속상했겠어요.

 친구들도 선생님처럼 말해 주면 좋을 텐데…….
그날 이후 단체 채팅방에서
"너 때문에 수행평가 망쳤어!" 라며
세 명이 번갈아 가며 제게 욕을 쏟아 내고 있어요.

저런, 얼른 채팅방에서 나오세요!

저도 얼른 나왔죠. 그런데 자꾸만
다시 초대해서 욕을 해요. 어쩌면 좋죠?

여러 사람이 한 사람을 향해
채팅으로 욕설을 퍼붓고, 자꾸만 초대해서
못 빠져나가게 하는 걸 '카톡 감옥'이라고 해요.
심각한 학교폭력이니 채팅방 자료를 캡처하고
부모님과 선생님께 이 사실을 알리세요.

한 번 더 생각해요

모둠 활동은 함께 과제를 수행하고 다 같이 결과에 대해 책임지는 거예요.
발표를 못했더라도 그걸 트집 잡아 끊임없이 욕설을 퍼붓는 건 옳지 않아
요. 집단으로 채팅창에 욕설을 날리는 일명 '떼카(떼지어 카톡으로 욕설하는
행위)'와 계속 채팅방에 초대해 괴롭히는 '카톡 감옥'은 학교폭력입니다.

안 좋은 소문을 퍼뜨려요

"우와, 내가 봐도 멋진데? 나중에 시우가 접속하면 보여 줘야지!"

게임 속에서 직접 만든 집을 보고 뿌듯하게 웃던 지호는 며칠 전 시우가 학원에 다닌다며 게임을 그만둔 것이 생각나서 시무룩해집니다.

"나만 보긴 아까운 집인데. 유튜브에 올려 볼까?"

지호는 아빠가 만들어 주신 유튜브 계정에 접속해 게임 속 집 영상을 올립니다. 하지만 같은 게임을 하는 친구가 없어 별다른 반응이 없습니다.

'흠……. 새로운 게임 친구를 사귀어야겠어.'

지호는 게임 맵을 돌아다니다가 게임 캐릭터들이 모여서 화기애애하게 대화하는 곳에 다가가 말을 걸어 봅니다.

[JIHOJIHO] 안녕하세요?

[BRO1] ㅇㅇ, 하이. 님 몇 살?

[JIHOJIHO] 저 9살이요.

[BRO1] 그래? 우리는 중학생이야. 형이라고 불러.

[BRO2] 나도 반가워. 편히 말 놓자.

지호는 안심하고 얼른 친구 추가를 합니다. 형들은 지호보다 게임을 훨씬 더 잘했어요. 시우랑 같이 한 것보다 훨씬 더 재밌었습니다.

"와, 정말 재밌다! 앞으로도 쭉 형들이랑 놀면 좋겠어."

[JIHOJIHO] 형들, 내일은 언제 게임해?

[BRO1] 내일은 5시. 근데 너 SNS 하는 거 있어? 아이디 뭐야?

[BRO2] 유튜브 계정 있어! 게임 아이디랑 똑같이 JIHOJIHO야!

지호는 내일도 재밌게 게임을 할 생각에 기쁜 마음으로 잠자리에 들었습니다.

☀ · ☀ · ☀

다음 날, 기분 좋게 일어난 지호는 밤새 쌓인 유튜브 댓글 알림에 깜짝 놀랍니다. 게임 화면을 찍어 올린 영상에 이상한 댓글이 달려 있었어요.

JIHOJIHO 오늘 만든 게임 속 나의 집! 나 요즘 좀 잘하는 듯~

→ BRO1 얘 진짜 게임 못함. ㅋㅋㅋㅋ

→ BRO2 맞음. 살면서 이렇게 게임 못하는 애 처음 봄.

   ↳ SIWOO 지호야, 이 형들 너 아는 사람들 맞아?

     ↳ BRO1 ㅋㅋ잘 모름. 근데 얘 게임 못하는 건 잘 알지ㅎ

→ BOMY_KIM 중학생 오빠들 같은데, 왜 지호한테 악플 달아요?

   ↳ BRO2 악플 아니라 사실임. 게임 실력 보면 한숨 나오는 수준.

심지어 지호를 태그하며 지호가 게임을 못한다는 게시글까지 썼어요.

BRO1 게임 꼴찌 잼민이 공개합니다! 게임 연습 좀 하길. @JIHOJIHO

BRO2 너는 누구랑 같이 게임하지 마라. 열받으니까. @JIHOJIHO

'뭐야, 어제는 같이 재밌게 놀았으면서! 이렇게 말하는 게 어딨어!'

지호는 눈물이 날 만큼 부끄럽고 속상합니다.

이런 마음으로 그랬어요! 💬 💬 💬

 JIHOJIHO가 먼저 게임을 같이 하자고 했어요. 그래서 같이 게임을 해 주고 유튜브를 구경하는데, 자기가 게임을 잘하는 것처럼 영상을 올렸더라고요. 너무 웃겨서 한 소리 한 거예요.

변호사 쌤이 알려 주는 경계선 지키기

　도서관, 공원 같은 공공장소를 이용하려면 누구든 예절을 지켜야 하지요. 사이버 공간도 마찬가지예요. 사이버 공간을 건전하게 사용하기 위해서는 인터넷상의 예절인 '네티켓(netiquette)'을 지켜야 합니다.

　사이버 공간에서 대화할 때는 상대방의 얼굴이 보이지 않아 무심코 모욕적인 말을 하기도 해요. 핸드폰이나 모니터 너머에 있는 사람은 그 이야기를 듣고 상처를 받을 수 있답니다.

　사이버 공간에서 모욕적인 말이나 욕설을 하거나, 인터넷 게시판, 채팅 창, 댓글창, 온라인 카페나 블로그 등에 악성 게시물을 올리는 건 법적으로 학교폭력에 해당해요.

　온라인에서 만난 사람이 게임 아이디로 내 캐릭터에게 욕하는 것도 사이버 폭력입니다. 욕설뿐 아니라 공포심이나 불안감을 유발하는 댓글이나 쪽지를 반복해서 보내는 것도 학교폭력이고요.

　사이버 공간에서는 서로를 존중하는 말을 사용하고 함부로 다른 사람의 험담을 하지 않기로 해요. 화가 나더라도 저격 글이나 공개 글로 친구를 비난하기보다는 개인적인 대화로 오해를 풀어 나가세요.

온라인에서 모르는 사람이 욕을 한다면

익명의 누군가가 나를 욕하는 글을 올렸다면 섣불리 댓글을 달아 싸우지 말고, 바로 해당 사이트 관리자에게 글을 삭제해 달라고 요청하세요. 사이버 공간에서 다른 사람을 모욕하고 명예를 훼손하는 건 심각한 범죄입니다.

글의 수위가 인상이 찌푸려질 정도로 심할 경우, 글이 지워지기 전에 캡처해서 경찰에 신고할 수도 있습니다. 신고한 뒤에는 욕을 보낸 계정을 차단하도록 하세요. 기분 나쁜 욕을 계속 보고 있을 필요는 없으니까요.

하나 더 기억해 둘 것이 있어요. 누군가가 공개적으로 나를 비난하는 글을 올리고 거기에 동조 댓글이 달렸더라도 흔들리지 마세요. 속상한 일이 있으면 직접 만나서 풀어야지, 여러 명이 보는 사이버 공간에서 욕하는 건 비겁한 행동입니다. 비겁한 사람에게 휘둘릴 필요는 없겠지요.

나를 지키는 한마디

"우리 사이의 일은 일대일 메시지로 풀자. 사이버 공간에서 일방적으로 몰아가면 다른 친구들이 나를 오해할 수도 있으니까."

→ 바로 공개 댓글을 달지 말고 일대일 메시지를 보내거나, 아예 반응하지 마세요.

자꾸 거울 공주라고 놀려요!

저는 숙제 끝나고 게임하는 시간이 제일 좋아요!
클럽에 속해서 팀플레이 하는 게임인데
게임도 채팅도 모두 즐거워요!

좋아하는 취미가 생겨서 다행이에요.
게임을 하면서 규칙을 지키고,
예의 있게 채팅하는 거죠?

에이, 당연하죠. ㅎㅎㅎ
그런데 며칠 전에 속상한 일이 생겼어요.
클럽 채팅방에 사이가 안 좋은 친구가 들어와서
"리틀초 김다린, 제대로 게임하는 거 맞아?
거울 보는 거 아니고?"
이렇게 제 이름을 부르면서 댓글을 달잖아요!

음……. 거울을 본다는 얘기는
특별히 모욕적이진 않은데요?

제가 수업 시간에 거울 보다가 걸린 적이 있거든요. ㅠㅠ
걔가 거울 얘기를 쓰니깐 팀원들이 댓글로
"거울? 웬 거울?"
이러면서 자꾸 거울 얘기로 흐르더라고요.
제가 대댓글로 "거울 얘기는 하지 말자~!" 라고 했더니
"ㅋㅋㅋ 거울 공주!" 이러면서 댓글 도배를 하잖아요!
게임도 못하고 거울이나 보는 애라고 놀리고 싶었나 봐요.

처음 댓글과 도배 댓글을 아울러 생각해 볼 때
나를 망신시키려는 의도가 명확하다면 학교폭력이에요.
내가 거울 이야기를 하지 말라고 했음에도 도배했다면
나를 비꼬려는 의도로 볼 수 있어요.

(참고: 대전지방법원 2019. 4. 4. 선고 2018구합946 판결,
대전지방법원 2019. 4. 15. 선고 2018구합10340l 판결)

한 번 더 생각해요

욕설이 아닌 일상적인 말이면 다 괜찮을까요? 그렇지 않습니다. 글의 뉘앙스와 흐름을 보았을 때, 그 친구를 욕보일 만한 비하 표현이나 깔보거나 업신여기는 내용이 담겼다면 학교폭력으로 볼 수 있어요.

뻔뻔한 친구에게 딱 한마디 했는데······.

원격 수업 시간이었어요.
모두가 선생님의 말씀을 집중해서 듣고 있는데
친구의 스피커에서 게임 소리가 들리더라고요.

수업 시간에 게임 소리가요?
선생님도 들으셨나요?

선생님이 "무슨 소리니?"라고 하니까
뻔뻔하게 변명하더라고요.
"무슨 소리가 들렸다고 하세요?"
이렇게 시치미를 떼는 거 있죠.

선생님도 친구들도 모두 황당했겠네요.
게임 소리를 다들 들었는데 말이에요.

그러니까요! 선생님이 주의를 주셨는데도
게임을 끄지 않더라고요!

94

교실이 많이 소란스러웠겠어요.

너무 어이가 없어서 제가
단체 채팅방에 한마디 했어요.
"축하다, 친구야." 라고요.
그랬더니 걔가 저를 학교폭력으로 신고하겠대요.
제가 사이버 폭력을 했다면서요!
저 이제 어떡하면 좋아요?

학교폭력을 판가름할 때는
의도를 중요하게 생각해요.
이 발언은 친구를 모욕하기보다
수업을 방해하고 변명하는 친구의 태도를
지적하려는 의도이므로 학교폭력이 아닙니다.

(참고: 부산지방법원 2021. 10. 22. 선고 2021구합22907 판결)

한 번 더 생각해요

온라인상에서 친구를 비난했더라도 전후 상황을 보아 해당 발언이 친구에게 모욕을 주려고 한 게 아니라면 학교폭력으로 보지 않아요.

피해자인 저는 글도 쓰면 안 되나요?

저는 학교폭력 피해자예요.
학폭위 끝에 얼마 전 저를 괴롭힌 아이가
학교폭력 가해 학생으로 인정되었어요.

학교폭력을 당한 것도 힘들었겠지만
학폭위 과정도 쉽지만은 않았을 거예요.
그동안 마음고생이 많았겠어요.

정말 너무너무 힘들었어요.
결과가 나오니까 그동안의 억울한 감정이
갑작스레 밀려오더라고요.

당연히 그럴 수 있어요.
내가 언제 어떻게 무슨 일을 당했는지
설명하는 건 어른에게도 쉬운 일이 아니니까요.
잘 버텨 냈네요.

끝까지 버텼어야 하는데
속상한 마음에 제 카톡 프로필에
"학교폭력은 없어져야 한다!" 라는 글을 올려 버렸어요.

혹시 게시물을 올릴 때 가해 학생 이름을 썼나요?
아니면 가해 학생이라고 추측될 만한
이야기나 이미지를 함께 올렸나요?

아뇨, 그러진 않았어요.
그냥 학교폭력은 없어져야 한다고만 했는데……
그걸 본 가해 학생이 자기의 명예를 훼손했다며
저를 학교폭력으로 신고하겠대요.

그러면 명예 훼손이라고 볼 수 없어요.
'학교폭력'은 일반적인 말이라
그 학생을 가리켜 말한 거라고 볼 수 없거든요.

(참고: 대법원 2020. 5. 28. 선고 2019도12750 판결)

한 번 더 생각해요

가해 학생 이름을 구체적으로 짚어서 말한 게 아니라면 명예 훼손이라고
볼 수 없습니다. '학교폭력'은 매우 일반적인 말이거든요. 단순히 이 말만
으로는 '특정 학생과의 사이에 일어난 학교폭력'을 언급했다고 보기 어려
워요.

나도 모르게 퍼진 내 사진

"나 이제 너랑 안 놀아!"

"나도 너랑 절교야!"

아람이와 지윤이는 서로 등을 돌리고 흥, 콧방귀를 내뿜습니다. 아기 때부터 쭉 함께였던 둘은 어제까지만 해도 세상에서 가장 친한 친구였지만, 이제 말도 안 섞는 사이가 됐어요. 이게 다 머리핀 때문입니다. 아람이가 지윤이의 머리핀을 꽂아 보다가 그만 부러뜨리고 말았거든요. 망가진 머리핀을 본 순간, 지윤이는 버럭 소리를 질렀어요.

"아빠가 해외 출장 갔다가 사 주신 소중한 머리핀인데!"

미안한 표정이던 아람이도 화가 나서 톡 쏘아붙입니다.

"너 이거 유치원 때부터 하고 다녔잖아! 너무 오래돼서 망가진 거지, 내가 그런 거 아냐!"

"뭐? 오래되긴 뭐가 오래됐다고! 너 말 다 했어?"

"아니, 다 못 했어. 너 매번 화부터 내는 버릇 좀 고쳐!"

날카로운 말싸움 끝에 둘은 결국 절교 선언까지 하고 말았습니다.

그날 저녁, 지윤이는 학교 인터넷 게시판을 보다가 눈이 휘둥그레졌어요. 이름을 밝히지 않은 누군가가 지윤이를 콕 집어서 게시판에 '저격 글'을 올린 겁니다. 지윤이는 '잘못 뒤집어씌우기 대장'이니 착한 척에 속지 말라면서 지윤이가 유치원에 다닐 때 울고 있는 사진까지 공개했어요. 게시된 글과 사진만 보면 정말 지윤이가 어릴 때 부터 행패를 부린 것처럼 보입니다.

하지만 지윤이는 억울합니다. 그 사진은 세 살 때 혼자서 양말을 신다가 찍힌 거예요. 양말이 잘 신겨지지 않아 속상한 마음에 눈물을 터뜨린 거랍니다. 한껏 인상을 쓴 표정이 우스꽝스러워서 남들에게 꼭꼭 숨겨 왔는데 갑자기 공개되니 부끄럽기도 하고 화도 납니다.

제목 : 리틀초등학교 이지윤, 제보합니다.   작성자 : 익명

남한테 잘못 뒤집어씌우기 대장! 착한 척에 속지 마세요!

오늘도 나한테 자기 잘못 뒤집어씌움. 그 나쁜 성격 언제 고칠지······.

이지윤 원래 성격. 어릴 때부터 자기 마음대로 안 되면 양말 내팽개치고 짜증 냄.

이 사진을 아는 사람은 가족 외에는 단 한 사람, 아람이밖에 없습니다. 어릴 때부터 친했던 사이라 서로의 아기 때 사진까지 다 알고 있고, 종종 앨범 속 사진을 핸드폰으로 찍으며 놀곤 했거든요.

'누군지 이름을 밝히지 않았지만, 이 사진을 갖고 있는 걸 보면 황아람이 분명해!'

아람이에게 한마디 하려고 댓글 창을 여니 여러 개의 댓글이 눈에 들어옵니다.

↳ 헐ㅠㅠ 너무 억울하겠다. ㅠㅠ

↳ 3반 이지윤ㅋㅋㅋ 이런 모습도 있었구나.

↳ 어릴 때부터 성격 나빴네. 그렇게 안 봤는데……

↳ 그럴 줄 알았어. 딱 봐도 눈이 찢어진 게 못되게 생겼잖아. ㅋㅋㅋ

댓글은 온통 지윤이를 탓하는 내용으로 가득합니다. 심지어 지윤이의 외모를 비웃는 아이까지 있었어요.

'왜 다들 내 험담을 하는 거야? 내 말은 들어 보지도 않고!'

지윤이 눈에 눈물이 어립니다.

머리핀을 부러뜨린 것도 아람이고, 아무에게도 보여 주기 싫은 사진을 올린 것도 아람이인데, 모두에게 놀림받는 건 지윤이 몫입니다. 지윤이는 너무나 억울하고 속상합니다.

이런 마음으로 그랬어요! 🌷 🌷 🌷

 저는 먼저 사과하려고 했는데, 지윤이가 다짜고짜 화를 내잖아요. 그깟 머리핀 때문에 화를 낸 게 서운하고 얄미워서 그랬어요. 익명으로 써서 제가 누군지 모를 텐데, 그럼 괜찮잖아요?

유튜브, 틱톡, 카카오톡, 디스코드, 인스타그램, 페이스북처럼 우리가 흔히 사용하는 SNS, 즉 '누리소통망'은 나다움을 한껏 표현하는 공간이에요. 하지만 가끔은 내가 누구인지 숨기고 아주 솔직한 이야기를 털어놓고 싶을 때가 있지요. 나인 걸 숨긴 채 '부캐'를 만들어 글을 쓰면 왠지 짜릿하기도 하고요.

익명으로 글을 쓰는 것은 표현의 자유 중 하나예요. 하지만 그렇다고 친구를 비하하는 행동이 허락되는 건 아닙니다. **익명으로 친구를 모욕하거나 명예를 떨어뜨리는 '저격 글'을 쓰는 건 학교폭력**이에요. 익명이니 아무도 모를 거라 생각하겠지만 그렇지 않아요. 피해자가 경찰에 신고해 수사에 들어가면 바로 들통난답니다. 글을 삭제하더라도 접속한 기록이 남아 확인할 수 있어요.

더불어 **친구의 허락 없이 온라인에 사진을 올리는 것도 '초상권 침해'**예요. 특히나 그 사진이 우스꽝스럽거나 놀림감이 된다면 더욱 문제가 될 수 있어요. 다른 사람의 이름과 사진을 훔쳐서 그 사람인 척하는 '**프로필 도용**' 역시 **학교폭력**이니 꼭 기억해 두세요.

저격 글이나 사칭하는 글이 올라왔다면

익명의 누군가가 나를 모욕하는 게시물이나 사진, 영상을 올렸다면 즉시 관리자에게 삭제해 달라고 요청하세요. 만약 내용이 심각하다면 곧바로 삭제를 요청하지 말고 학교폭력 신고를 위해 화면을 캡처해 두는 게 좋습니다. 경찰에 신고하면 익명으로 올린 게시물도 누가 올린 건지 찾아낼 수 있어요.

인스타그램이나 페이스북 같은 개인적인 공간에 욕설 댓글이 달렸다면 발견한 즉시 화면 캡처를 해서 증거를 남긴 후 삭제하세요. 비난 글이 온라인상에 남아 있으면 점점 더 많은 친구가 그 글을 보고 나를 오해할 수 있으니까요.

온라인 게시물은 누구나 쉽게 보고 퍼 나를 수 있습니다. 나를 욕하는 '저격 글'은 물론이고, 내 이름과 사진을 훔쳐서 나인 척하는 '사칭 글'도 빠르게 퍼져 큰 피해를 줄 수 있으니, 확인한 즉시 대처하는 게 중요해요.

나를 지키는 한마디

"내 사진이나 이름은 내 개인 정보야. 사이버 공간에 내 개인 정보를 함부로 올리지 마."

'대신 욕해 드립니다!'

제일 친한 친구가 저한테 말도 없이
몰래 다른 아이와 영화를 보러 갔어요. ㅠㅠ
저랑 보기로 약속해 놓고요!

같이 보자고 해 놓고
약속을 깨다니 정말 속상했겠어요.

당연하죠! 저를 배신한 거잖아요!
그래서 오픈 채팅방을 새로 만들어
그 친구 험담이랑 욕을 잔뜩 올렸어요.
채팅방 이름은 "대신 욕해 드립니다." 예요!

네? 친구를 욕하려고 일부러
오픈 채팅방을 만들었다고요?
그 친구 이름까지 공개하면서요?

알아요, 잘못한 거.
그래도 엄청 속 시원했다고요!
속상해하는 친구를 보니 고소하기도 했고요.
그런데 로그인을 잘못하는 바람에
오픈 채팅방 주인이 저라는 걸
친구에게 들켰어요!
설마 이것도 학교폭력, 뭐 그런 건가요?
들키지 말았어야 했는데. ㅠㅠ

들키든 들키지 않든 관계없이
똑같은 학교폭력이에요.
친구의 이름을 밝히고 욕과 험담을 썼으니까요.
친구에게 진심을 다해 사과하도록 하세요.

한 번 더 생각해요

내가 누군지 드러내지 않았더라도, 여러 명이 볼 수 있는 사이버 공간에서
특정한 친구를 모욕하고 정신적 피해를 주는 행동은 법적으로 학교폭력입
니다.

제가 모르는 제가 있어요!

저 지금 너무 놀라서 숨이 안 쉬어져요.
저인 척하는 디스코드 계정을 발견했어요!

내 사진과 내 프로필을 써서
다른 친구들이 착각하도록 한 계정인가요?

네. 게다가 상태 메시지에 이상한 글도 올렸어요.
"수호 진짜 극혐." 이렇게요!
수호는 저랑 제일 친한 친구인데요.

다른 친구가 오해할 만한 글을 썼다니
정말 당황스럽겠어요.

어쩐지 얼마 전부터 수호가
저를 차갑게 대하더라고요.
저 이제 어떻게 해야 해요?

106

거짓 계정이 내 이름을 이용해
친구들에게 피해를 줄 수 있으니
그 계정은 내가 아니라는 걸
모두에게 공개적으로 알리도록 해요.

네, 친구들에게 그 계정은 제가 아니니까
거기서 오는 쪽지는 무시하라고 할게요.

거짓 계정을 캡처해
어른들께 알리는 것도 잊지 마세요!

한 번 더 생각해요

글이나 사진을 꾸며 다른 사람인 척 행세하는 것을 '사칭'이라고 해요. 나
를 사칭하는 글이나 계정을 발견하면 즉시 부모님이나 선생님께 말씀드려
도움을 요청하세요. 사칭 계정으로 피해를 입었다면 국가기관의 도움을
받아 사칭한 사람을 찾아낸 다음, 그 사람이 책임지게끔 할 수 있어요.

학교폭력은 법으로 금지된 행동이에요.

어려운 '학교폭력예방법'을 모두 확인할 필요는 없지만

법으로 정한 기준선만큼은 알아 두는 게 좋아요.

그래야 정말로 학교폭력이 일어났을 때

나도 지키고 친구도 지킬 수 있답니다.

법을 설명하는 내용이라 어려운 말이 종종 나오니

부모님과 함께 차근차근 읽어 보세요.

부록.

부모님과 함1께 읽어요
학교폭력 법률 돋보기

관계적 폭력, 기록을 남겨 두세요

법원이 정한 관계적 폭력의 범위

학교폭력에는 신체적 폭력만 있는 것이 아닙니다. 마음을 움츠러들게 만드는 '심리적 공격' 역시 폭력이에요. 여럿이서 한 친구만 빼고 놀거나, 비하하는 말이나 욕을 반복하여 외톨이로 만드는 행위를 '관계적 폭력'이라고 합니다.

법률은 **2명 이상**의 학생이 **지속적이거나 반복적으로 신체적, 심리적 공격을 가하여 상대방이 고통을 느끼도록 하는 행동을 '따돌림'으로 정의하고, 학교폭력에 해당**한다고 규정합니다.

따돌림은 집단으로 일어나기 때문에 가해 학생들이 죄책감을 덜 느낄 수 있어요. 하지만 당하는 사람은 몇 배로 더 아픕니다. 부끄럽고 위축된 마음에 따돌림을 받는다고 털어놓지 못하기도 해요. 이럴 때일수록 용기를 내서 도움을 요청하세요. 선생님이나 부모님은 늘 여러분의 이야기를 적극적으로 들을 준비가 된 분들이니 안심하고 털어놓아도 괜찮아요.

> 따돌림으로 정신적 피해를 받아 병원에서 진료받거나 심리 상담을 받았다면, 법적으로 그 치료비나 상담 비용, 정신적 고통에 대한 위자료 등을 나를 따돌린 학생이 내도록 할 수도 있어요.

관계적 폭력에 적극적으로 대처하는 방법

나만의 선을 정하고 지키기

친구가 장난이라며 꾸준히 하는 말과 행동이 싫다면 "그런 장난은 더 이상 안 했으면 좋겠어. 나는 싫으니까."라고 확실하게 말해요. 하지 말라고 했는데도 계속한다면 그때부터는 장난을 벗어난 학교폭력입니다.

잊지 않게 기록해 두기

우리의 기억은 짧고, 정확하지 않은 경우가 많아요. 그래서 기록이 중요하지요. 언제 어떤 일이 일어났는지 공책이나 온라인 공간에 기록해 두세요. 친구와 메시지나 채팅창으로 대화하며 기록하는 것도 괜찮습니다.

헷갈릴 때는 어른의 도움받기

내가 당하는 게 학교폭력인지 장난인지 알쏭달쏭하면 부모님과 이야기를 나눠 보세요. 만약 이야기 도중에 "그 친구가 너한테 한 행동은 선을 넘은 거 같은데?"라고 하신다면 더 깊게 되짚어 보아야 합니다.

법원에서는 이렇게 판결했어요!

심리적 공격

나은이는 지희를 따돌리려고 지희의 친구들을 다른 곳으로 데려가 지희와 놀지 못하게 했어요. 또 같은 반 학생들에게 지희와 인사도 하지 말고 눈도 마주치지 말라며 협박했답니다. 법원은 지희를 괴롭히는 나은이의 행동을 따돌림으로 인정했어요.

(유사 취지: 인천지방법원 2015. 11. 19. 선고 2015구합50522 판결)

따돌림 주도

윤우는 다른 친구들에게 민수를 나쁘게 말했어요. 민수에게 큰 소리로 욕을 하고, 다른 친구들이 좋지 못한 행동을 하면 '민수 같다'라고 말했습니다. 법원은 윤우의 행동이 민수의 단점을 부각해 친구들에게 부정적인 감정을 심어 주는 따돌림이라 보고 학교폭력을 인정했어요.

(유사 취지: 울산지방법원 2019. 1. 10. 선고 2018구합6779 판결)

따돌림 동조

병하가 체육복을 갈아입으려고 화장실 칸으로 들어가자, 몇몇 친구들이 화장실에 따라 가 문을 잠그고 소리 지르며 병하를 괴롭혔어요. 그때 말리지 않고 지켜보던 진우와 병하의 눈이 마주쳤고, 진우는 태연하게 병하에게 인사를 했어요. 법원은 진우의 행동을 부끄러움과 굴욕감을 주는 행위로 보고, 진우를 따돌림 가담 학생으로 인정했습니다.

(유사 취지: 서울행정법원 2019. 5. 23. 선고 2018구합83604 판결)

 험담

영은이는 미진이의 이름을 가지고 놀리기도 하고, 미진이가 없는 자리에서 같은 반 친구들에게 미진이 어머니에 대한 욕을 했어요. 법원은 영은이가 한 욕이 미진이한테 전해질 수 있다는 점, 미진이 어머니에 대한 욕설이 너무나 심하다는 점에서 학교폭력으로 인정했어요.

(유사 취지: 대구고등법원 2022. 10. 21. 선고 2022누3118 판결)

언어폭력, 싫다고 분명히 말해요

법원이 정한 언어폭력의 범위

언어폭력은 말로 상대방의 마음에 상처를 주는 행동이에요. 우리 법원은 **폭언, 욕설, 기타 개인의 인격을 모독하는 비인간적인 말로 상대방의 자존심을 무너뜨리고 정신적 충격을 주는 행위를 언어폭력**으로 봅니다.

사납고 거친 폭언, 상스러운 욕설, 친구의 마음에 상처를 주는 인격 모독은 모두 언어폭력이자 학교폭력이에요. **일상적인 단어라도 상대방을 기분 나쁘게 할 의도로 썼다면 그 또한 언어폭력**이 될 수 있습니다. 예를 들어 뚱뚱한 친구를 '돼지'라고 부르면 당연히 기분 나쁘겠지요?

가끔은 "나도 말할 권리가 있어요!" "표현의 자유가 있잖아요."라고 우기는 친구도 있어요. 하지만 모든 발언은 다른 사람들의 권리를 침해하지 않는 한도 내에서만 가능합니다. 전 세계 어린이의 권리를 위한 국제적 약속인 '유엔 아동 권리 협약'에도 이 내용이 들어 있어요. 제13조를 살펴보면 아동에게는 표현의 자유가 있으나 다른 사람의 권리와 명예를 존중해야 한다는 내용이 있답니다.

유엔 아동 권리 협약 제3조
① 아동은 표현의 자유에 대한 권리가 있다.
② 이 권리의 행사는 다음에 한하여 법률로 제한될 수 있다.
ㅣ. 타인의 권리 또는 명예 존중

언어폭력에 적극적으로 대처하는 방법

놀이, 실수는 언어폭력과 구별하기

친한 친구와 서로 별명을 주고받는 건 놀이이지 언어폭력이 아닙니다. 또 누구나 한두 번은 실수할 수 있어요. 기분 나쁘다고 표현한 뒤 다시는 그런 말을 하지 않는다면 학교폭력이 아니에요.

지속적으로 모욕감을 준다면 내 기분 표현하기

내 행동을 우스꽝스럽게 따라 하거나, 외모나 이름으로 별명을 만들어 놀릴 수도 있어요. 그럴 때는 하지 말라고 단호하게 말하세요. 만약 말로 해서는 해결되지 않는다면 선생님과 부모님께 이 사실을 알리세요.

관계와 분위기를 포함하여 생각하기

언어폭력은 내용뿐 아니라 말한 사람이 누구인지, 말할 때 분위기가 어땠는지도 중요합니다. 그 아이와 어떤 사이였는지, 그리고 그런 대화를 평소에 서로 주고받았는지, 아니면 일방적으로 했는지도 생각해 보세요.

법원에서는 이렇게 판결했어요!

 욕설

성희는 민윤이에게 "넌 어미 없는 애야!"라고 했어요. 민윤이는 어머니, 아버지가 모두 계시지만, 우리 법원은 부모님이 계시더라도 '엄마 없는 애'라는 건 친구를 기분 나쁘게 하는 욕설로 보았어요.

(유사 취지: 서울행정법원 2014. 12. 19. 선고 2014구합14389 판결)

 폭언

민희는 같은 반 세희를 싫어해 종종 세희에게 욕을 하곤 했어요. 학교 운동회 때 계주로 뽑힌 세희가 달리기를 잘 못하자 20분 동안 2~3차례 '너 때문에 졌다', '트롤 짓 한다'라고 폭언했어요. 지아는 단순한 농담이라고 주장했지만, 법원은 지아가 그동안 해 왔던 행동에 비추어 학교폭력으로 인정했어요.

(유사 취지: 부산고등법원(창원) 2023. 5. 31. 선고 2022누11265 판결)

 인격 모독

윤재는 희영이를 싫어하는 마음에, 희영이가 예전에 따돌림을 당했다는 이야기를 꺼냈어요. 눈을 찌르고 싶다고도 하고, 재수 없다고 큰 소리로 말하기도 했습니다. 희영이가 혼자 밥을 먹자 "지금까지 친구가 없어서 밥도 못

먹은 거야?"라며 비웃었어요. 법원은 이러한 윤재의 행동을 학교폭력으로
인정했습니다.

(유사 취지: 창원지방법원 밀양지원 2020. 12. 18. 선고 2019가합165 판결)

부정적 표현

수혁이는 기태와 싸우고 나서 기태를 향해 "인성, 인성~!", "성질 더럽네."라
고 계속 큰 소리로 말했어요. 수혁이는 '인성'이라는 말을 사전적 의미로 쓴
게 아니라, 기태의 인성이 나쁘다는 말을 하려고 썼어요. 법원은 수혁이가
한 말의 숨겨진 의도를 파악해서 학교폭력으로 인정했습니다.

(유사 취지: 서울고등법원 2018. 12. 21. 선고 2018누48405 판결)

뒤에서 한 욕설

보람이는 희진이에게 평소 감정이 좋지 않습니다. 우연히 희진이와 눈이 마
주치자 보람이는 혼잣말로 욕을 했어요. 혼잣말이었지만 희진이는 자기를
향한 욕이라고 분명히 알아차렸습니다. 희진이 옆에 있던 친구가 그 모습을
보고 "쟤는 왜 너에게 욕하는 거야?"라고 물을 정도였어요. 법원은 보람이가
대놓고 직접 하진 않았지만, 희진이를 향해 욕을 한 것이 맞다고 보아 학교
폭력으로 인정했어요.

(유사 취지: 광주지방법원 2022. 6. 23. 선고 2021구합14905 판결)

사이버 폭력, 발견 즉시 대처하세요

법원이 정한 사이버 폭력의 범위

사람마다 모두 생김새, 나이, 다니는 학교가 다르지요. 이런 차이점은 사람들을 구별 짓는 특징이에요. 우리 법원은 어떤 사람이 누구인지 확인할 수 있는 모든 정보를 '개인 정보'로 규정했습니다. 우리에게는 자신의 개인 정보가 언제 누구에게 어느 범위까지 알려질지 스스로 결정할 수 있는 '개인 정보 자기 결정권'이 있어요. 모든 정보가 순식간에 퍼지는 온라인상에서 특히 중요한 권리랍니다.

'나'의 이미지는 '나'만이 만들 수 있습니다. 다른 사람이 함부로 나인 척해서는 안 되겠지요. **나인 척 연기하는 '사칭', 내 사진을 허락 없이 올리는 '초상권 침해'**, 전화번호 같은 개인 정보를 공개하는 '개인 정보 유출'은 모두 학교폭력이에요.

> **초상권**
> 내 사진이 함부로 찍히거나 나도 모르는 사이 다른 사람에게 퍼지지 않을 권리를 말해요.

우리는 다른 사람에게 어떤 모습으로 보일지 스스로 결정할 권리가 있어요. **사이버 공간에서 '나'를 욕하거나 공개적으로 명예를 훼손하는 것도 학교폭력입니다.** 나에 대한 평가를 의도적으로 깎아내렸기 때문이에요.

사이버 폭력에 적극적으로 대처하는 방법

확인한 즉시 삭제 요청하기

누군가가 내 명예를 훼손하는 게시물을 올리면 그 즉시 관리자에게 연락하여 해당 게시물 삭제를 요청하세요. 내용이 심하다면 화면을 찍어 증거로 남겨 두세요. 아이디, 게시 날짜와 시간, 게시 공간, 글 내용 나오도록 화면을 캡처하면 됩니다. 아이디가 없는 익명 글이라면 게시 날짜와 시간, 인터넷 주소 전체, 접속 IP 등 작성자를 알 수 있는 자료를 포함하여 캡처하세요. 익명 게시물의 경우, 필요하다면 경찰에 요청해 가해자를 확인할 수도 있습니다.

더 퍼지지 않도록 막기

내 동의 없이 이미지가 나빠질 만한 사진이 올라왔다면 즉시 지우라고 강하게 요구하세요. 핸드폰이나 컴퓨터에 저장된 것까지 모조리 삭제하라고 해야 합니다. 사이버 공간에서의 명예 훼손은 형사상 처벌되는 범죄이므로 정도가 심하다면 신고하여 경찰의 도움을 받을 수도 있어요.

개인 정보는 비공개로 설정

인터넷을 할 때 개인 정보(성별, 나이, 학교)는 늘 비공개 설정을 해 두는 것이 좋습니다. 누군가가 핸드폰 번호나 주소, 이름, 주민등록번호 등의 개인 정보를 묻더라도 절대 답해서는 안 돼요. 공개된 게시판에 사진을 올리는 것도 추후 악용될 수 있으니 한 번 더 생각한 뒤 올리세요.

사이버 폭력 국가 지원법에 따른 구제 신청

사이버 폭력으로 피해를 보았다면 국가 기관에 도움을 요청할 수 있어요. 유출된 개인 정보나 촬영물 등의 삭제를 지원받을 수 있으며, 이때 들어가는 비용은 가해 학생이나 그 보호자가 부담합니다.

- **개인 정보가 유출된 경우:** 해당 사이트 관리자에게 삭제를 요청하고 한국 인터넷진흥원 개인 정보 침해 신고 센터(privacy.kisa.or.kr)에 개인 정보 침해 신고.
- **나를 사칭한 글이 있는 경우:** 명의 도용 확인 서비스를 이용해 가입 정보를 확인하고 정보 도용을 차단. 엠세이퍼(msafer.or.kr), 사이렌24(siren24.com)에서 확인 및 차단 가능.

법원에서는 이렇게 판결했어요!

💡 사이버 따돌림

주예는 세 명의 친구에게 같은 반 친구 26명 중 22명이 있는 대화방에 초대해 달라고 부탁했어요. 세 사람은 주예를 초대한 다음 20분 만에 대화방을 폭파하고, 주예만 빼고 같은 반 친구 전체를 초대한 다른 대화방을 만들었어요. 법원은 세 사람의 행동을 사이버 따돌림으로 봐서 학교폭력으로 인정했습니다.

(유사 취지: 수원지방법원 2020. 6. 10. 선고 2019가합24387 판결)

💡 SNS 험담

해민이는 같은 반 아이들 10명이 모인 단체 채팅방에서 "한수진, 반장인데 행동을 똑바로 못하네.", "왜 반장 됐냐, 짜증 나게."라고 말했습니다. 수진이가 없는 채팅방이고, 반 아이들 23명 중 10명만 참여한 채팅방이라 해명했지만, 법원은 해민이가 공개된 채팅방에서 수진이를 모욕했다고 보고 학교폭력으로 인정했어요.

(유사 취지: 인천지방법원 2022. 5. 26. 선고 2021구합56682 판결)

저격 글

예준이는 소라를 비하하려는 의도로 페이스북에 전체 공개로 'ㅋㅋㅋ 남자 한테 미쳤냐, 남자에 환장한 미친 ✕'라고 욕설이 섞인 글을 썼어요. 새벽에 올라간 그 글은 다른 지역에까지 퍼졌고, 무려 578개나 되는 댓글이 달렸어요. 2시간 뒤에 예준이는 글을 삭제하고 사과의 글을 썼습니다. 법원은 예준이가 사과의 글을 썼다 하더라도, 이미 소라의 명예가 심각하게 훼손됐다고 봐서 학교폭력으로 인정했어요.

(유사 취지: 대구지방법원 안동지원 2018. 11. 15. 선고 2018가합111 판결)

저격 댓글

윤한이는 민주가 올린 사진을 보고 '웃겨요'를 누른 뒤 '작년 너희 반 클라스 오지네요.'라는 조롱 댓글을 썼습니다. 민주가 윤한이의 댓글을 무시하자 계속 욕을 하면서 너도 댓글을 달라고 강요하기까지 했어요. 법원은 윤한이의 행동이 민주를 비하하고 조롱하는 것으로 봐서 학교폭력으로 인정했습니다.

(유사 취지: 서울고등법원 2019. 7. 3. 선고 2019누32162 판결)

프로필 도용

태현이는 수영이 행세를 하고 싶어서 수영이의 프로필 사진을 캡처하고 자기 프로필로 올린 뒤 공개 채팅방에 들어가 수영이인 척 말했습니다. 법원은 사진 도용으로 수영이가 정신적 피해를 받았으므로 사진을 도용한 태현이의 행동은 학교폭력이라 인정했어요.

(유사 취지: 대구지방법원 2020. 10. 21. 선고 2019구합26198 판결)

개인 정보 유출

동혁이는 학교 이름을 밝히면서 "진우야, 뒷담화 좀 하지 마."라는 제목으로 개인 방송을 하고, 진우네 집 주변 사진을 인터넷에 올렸어요. 사람들은 진우가 동혁이를 괴롭히는 줄 알고 비난의 댓글을 남겼습니다. 하지만 진우는 그런 적이 없었어요. 법원은 개인 정보 유출로 진우가 공포심과 불안감을 느꼈다고 보고 동혁이의 행동을 학교폭력으로 인정했습니다.

(유사 취지: 수원지방법원 2021. 11. 25. 선고 2021구합67023 판결)

그림 이황희(헬로그)

매일 건네는 인사처럼 다정하고 따뜻한 그림을 그리는 그림책 작가이자
만화가, 일러스트레이터입니다. 『봄동이네 행복 일기』, 『책임감이 자라는
강아지 탐구 생활』, 그림책 『한 코 두 코』를 쓰고 그렸고, 『아홉 살 말 습관
사전』, 『아들 엄마의 말 연습』의 그림을 그렸습니다.

helloooooog16@gmail.com

아홉 살, 단호하게 말해요

초판 1쇄 인쇄 2025년 2월 10일
초판 1쇄 발행 2025년 2월 25일

지은이 이해은
그림 이황희
발행인 강선영·조민정
펴낸곳 (주)앵글북스
디자인 강수진

주소 서울시 종로구 사직로8길 34 경희궁의 아침 3단지 오피스텔 407호
문의전화 02-6261-2015 **팩스** 02-6367-2020
메일 contact.anglebooks@gmail.com

ISBN 979-11-94451-10-5 74190
© 이해은, 2025